Einfach können **SCHRIFTLICHE ARBEIT**

Duden

Einfach können

SCHRIFTLICHE ARBEIT

Von Björn Rothstein

1. Auflage

Dudenverlag
Berlin

INHALT

Vorwort

Wissenschaft findet immer im ständigen Austausch mit anderen Forschenden statt, indem man miteinander spricht oder Texte voneinander liest, diskutiert, gemeinsam überlegt und manchmal auch streitet. Ich fahre deshalb gern auf Konferenzen. Und da sind es oft die Kaffeepausen oder die abendlichen Aktivitäten, die nicht nur lustig und unterhaltsam sind, sondern oft besonders gewinnbringend. In solchen eher informellen Gesprächen kann man auch fachliche Fragen und Nachfragen vertraulich stellen und diskutieren, ohne dass sie womöglich peinlich werden. Oft ergeben sich daraus weiterführende Überlegungen, manchmal sogar neue, eventuell gemeinsame Forschungsvorhaben. Solche informellen Gespräche sind also recht förderliche wissenschaftliche Momente, die aber in der hochschulischen Lehre wie auch im Unterricht viel zu wenig bedacht werden. Daher möchte ich sie in diesem Buch zumindest ansatzweise mit Fallbeispielen aufzeigen, im Sinne eines geschichtenbasierten Lernens. Im Übrigen sind wissenschaftliche Texte ebenfalls eine Art Gesprächsbeitrag, der über wissenschaftliche Ergebnisse informiert. Damit dabei keine Missverständnisse entstehen, gelten für sie – wie für jede Art von Kommunikation – bestimmte Regeln. Diese werden auf den folgenden Seiten erläutert.

Danken möchte ich dabei an erster Stelle Laura Neuhaus für ihre hilfreiche Unterstützung, Ingrid Furchner für ihre wertvollen Textkorrekturen und Alexandra Schmidt für ihre kluge Durchsicht des Textes aus studentischer Perspektive. Darüber hinaus geht auch diese Einführung auf Gespräche zurück, die ich mit Schülerinnen und Schülern der Oberstufe, mit ihren Lehrkräften und mit Studienanfängerinnen und -anfängern führen konnte. Diese Gespräche wurden unterstützt von der Robert Bosch Stiftung (Projekt *Sprachwerk* in der Förderlinie *Denkwerk*; Projekt *Urban Gardening – Sich gemeinsam die Hände schmutzig machen* in der Förderlinie *Our Common Future*) und der Dr. Hans Riedel-Stiftung *(Lehrerfortbildungen für Facharbeiten in den MINT-Fächern)*. Beiden Stiftungen und allen Teilnehmenden danke ich herzlich für die Zusammenarbeit.

Mein Patenkind Alexis und ich sprechen (noch) nicht über Wissenschaft, aber sonst über so ziemlich alles, was das Leben ausmacht. Dafür kann ich ihm nicht genug danken. Ihm sei diese Einführung gewidmet.

Bochum
Björn Rothstein

WISSENSCHAFTLICH ARBEITEN

Wissenschaftliche Texte erkennen

Die Ergebnisse wissenschaftlicher Forschung werden in der Regel anderen Forschenden und der Öffentlichkeit mitgeteilt, damit sie berücksichtigt und eventuell angewendet werden können. Das geschieht häufig durch wissenschaftliche Texte, die Ergebnisse werden also verschriftlicht. Da Wissenschaft sich häufig mit komplexen Themen auseinandersetzt, muss sie Wege finden, komplexe Sachverhalte korrekt, aber dennoch verständlich mitzuteilen. Deshalb gibt es Regeln oder Standards dafür, wie beispielsweise eine These formuliert oder Literatur zitiert wird.

Wissenschaftliche Texte werden auch geschrieben, um einen Schul- oder Studienabschluss zu erreichen (z. B. eine Facharbeit im Rahmen des Abiturs oder eine Hausarbeit im Studium). Solche Arbeiten sind in der Regel längere Texte, und sie müssen bestimmten inhaltlichen und formalen Anforderungen genügen, denn sie werden von einer Person, die an der Hochschule bzw. der Schule lehrt, betreut und bewertet. An diese Person kann man sich mit inhaltlichen, formalen und methodischen Fragen wenden. Sie hilft bei der Themenfindung, und am Ende begründet sie ihre Bewertung in einem Gutachten.

Erfahrungsbericht: *Themenfindung*

Mein Name ist Urbania und ich mache nächstes Jahr Abi. In meinem letzten Schuljahr muss ich eine Facharbeit schreiben, um das wissenschaftliche Arbeiten kennenzulernen. Für meine Facharbeit habe ich mir überlegt, über das Thema Urban Gardening zu schreiben. Ich interessiere mich dafür, wie man Urban Gardening an Schulen bringen könnte und ob das das Schulklima verbessert. Ich habe meiner Erdkundelehrerin, Frau Gardenia, das Thema für die Facharbeit vorgestellt und sie hat als Betreuerin zugesagt, weil das Thema so konkret und auch für unsere Schule nützlich ist. Das Thema habe ich entdeckt, als ich neulich einen Artikel über Urban Gardening gelesen habe und dann am gleichen Tag an einem neu angepflanzten Beet in der Stadt vorbeigelaufen bin. Da habe ich angefangen, darüber nachzudenken, warum wir kein Urban Gardening in der Schule haben. Wir haben als Forschungsfrage vereinbart, dass ich mit Interviews drei Schulleitungen anderer Schulen befrage, was die Urban-Gardening-AGs an ihren Schulen erreicht haben. Also habe ich im

Internet nach Urban Gardening an Schulen gesucht und dann Telefoninterviews mit den Schulleitungen gemacht. Die Interviews sind meine wissenschaftliche Methode, also mein festgelegtes Verfahren, um zu wissenschaftlichen Erkenntnissen zu kommen, die meine Forschungsfrage beantworten.

Wissenschaftliche Texte erfüllen dabei gewisse Merkmale, die die Textsorte auszeichnen. In der Regel lassen sich wissenschaftliche Texten an folgenden Kriterien erkennen:

- Sie unterhalten nicht, sondern informieren über Ergebnisse. Daher beinhalten sie z. B. auch keine Ausschmückungen oder Bilder, die vom Inhalt ablenken.
- Sie bearbeiten eine Fragestellung objektiv, präzise und nachvollziehbar.
- Sie argumentieren nur auf der Basis von Fakten.
- Sie beziehen sich auf andere wissenschaftliche Texte.
- Sie sind in einer wissenschaftlichen Sprache verfasst.
- Sie erscheinen zumeist an einem Ort – z. B. in einem Verlag oder auf einem Server –, der auf wissenschaftliche Texte spezialisiert ist, und oft in Reihen (d. h. thematisch zusammengehörenden Büchern) oder in Zeitschriften, die keine anderen, nicht wissenschaftlichen Textteile wie Witze, Schlagzeilen oder Reise-, Wetter-, Börsen- und andere Berichte enthalten.
- Ihre Autorinnen und Autoren gelten als Expertinnen und Experten. Sie haben beispielsweise einen Doktortitel und/oder arbeiten in einer wissenschaftlichen Einrichtung (z. B. einem Forschungszentrum, einer Universität oder einer Fachhochschule).
- Sie nennen in der Regel die Kontaktdaten (berufliche Adresse und E-Mail) ihrer Autorinnen und Autoren.

nicht wissenschaftlicher Text

[Text enthält Fotos]

ausschmückende Bilder

Urban Gardening

Stadtluft macht Blei

unterhaltsam

Urban Gardening ist hip. Aber bringt das gemeinsame Ackern in der Stadt tatsächlich etwas für Umwelt und Gesellschaft? Eine kritische Gartenschau

nicht faktenbasiert

Um zu zeigen, wie sich Dessau-Roßlau verwandelt, steigt die Stadtplanerin Heike Brückner auf den 60 Meter hohen Turm einer ehemaligen Räucherei. Auf den Treppen riecht es immer noch ein bisschen nach Wurst. Oben auf der Aussichtsplattform ist es so windig, dass man sich ducken muss an diesem Märztag, doch die Sicht auf die Stadt ist gut. Von hier aus wirkt sie ein wenig wie ein von Karies befallener Zahn. Merkwürdig zerklüftet.

https://www.spiegel.de/wirtschaft/urban-gardening-die-versorgung-der-staedte-neu-organisieren-a-970305.html (letzter Zugriff am 14.08.2022)

Quelle publiziert auch nicht wissenschaftliche Texte

wissenschaftlicher Text

[Text enthält keine Fotos]

ohne ausschmückende Bilder

Christa Müller

Urban Gardening. Grüne Signaturen neuer urbaner Zivilisation

eher faktenbasiert

Bis vor kurzem noch galt der Gemüsegarten – zumal in den Großstädten – lediglich als anachronistisches Relikt längst vergangener Zeiten. Und plötzlich verkaufen sich Nutzpflanzen besser als Ziersträucher, entdecken immer mehr Städterinnen und Städter »die neue Lust am Gärtnern«, wie der Titel eines Beitrags im ZDF-Magazin aspekte lautete. Was genau geschieht da? Zu beobachten sind derzeit mehrere Entwicklungen, die sich immer stärker verdichten und mit der Hinwendung zum Gärtnern verbinden. (Müller 2011: 22)

Buch informiert zu Autor/-innen

Originaltext aus: Müller, Christa (2011): Urban Gardening. Grüne Signaturen neuer urbaner Zivilisation. In: Müller, Christa (Hrsg.): *Urban Gardening. Über die Rückkehr der Gärten in die Stadt.* München: oekom, 22–53.

Quelle auf Wissenschaft spezialisiert

KONZEPTIONELLE VERSUS EMPIRISCHE ARBEITEN

Jede Fachrichtung (z. B. Architektur, Geografie, Mathematik oder Philosophie) hat ihre eigenen Standards, z. B. bestimmte Forschungsmethoden. Grundsätzlich kann man unterscheiden zwischen konzeptionellen oder theoretischen und empirischen Arbeiten: Konzeptionelle Arbeiten entwickeln auf der Basis bestehender Forschung neue Konzeptionen und Theorien. Sie erheben selbst keine Daten oder werten sie aus, wie es empirische Arbeiten tun.

empirische Arbeit	konzeptionelle Arbeit
mit Erhebung, Auswertung und Diskussion eigener Daten, z. B. Telefoninterviews mit Schulleitungen zur Einrichtung einer Urban-Gardening-Arbeitsgemeinschaft	denkt bisherige Forschung zu einer neuen Theorie zusammen bzw. weiter, ohne selbst Daten zu erheben; sie entwickelt z. B. neue plausible Vorstellungen zu schulischem Urban Gardening

Während Alltagstexte oft an einem Stück und ohne größeren Planungsprozess geschrieben werden können, erfordern wissenschaftliche Texte ein gänzlich anderes Vorgehen.

Erfahrungsbericht: *Arbeitsweise finden*

Am Anfang hat mich die Facharbeit überfordert, denn ich dachte erst, dass ich mich einfach hinsetze und mit dem Schreiben anfange. Dabei ist es erst mal wichtig, dass man weiß, wie man mit wissenschaftlicher Literatur umgeht und wie man sie findet und liest. Heute weiß ich, dass wissenschaftliche Texte mehrere Phasen umfassen, nämlich das Planen, das eigentliche Schreiben und das Überarbeiten, wobei sich die Phasen natürlich überlappen können. Außerdem gibt es immer wieder Lesephasen, in denen man neue Literatur hinzunimmt. Beim Planen geht es vor allem darum, die Arbeit inhaltlich zu strukturieren, z. B. die Forschungsfrage zu finden und sich über den Aufbau der Arbeit Gedanken zu machen. Beim Schreiben werden die Ergebnisse erst mal zu Papier gebracht. Und beim Überarbeiten wird dann korrigiert, verbessert und ggf. erneuert.

Korrekter Umgang: Plagiat versus Zitat

Wissenschaftliche Texte skizzieren immer auch den aktuellen Forschungsstand, d. h., sie berichten über die bisherige Forschung zum jeweiligen Thema. Und das aus gutem Grund: Würde man darauf verzichten und nur die eigenen Überlegungen und Ideen aufschreiben, dann würde die Wissenschaft ja jedes Mal wieder von vorn anfangen. Deshalb stützt man sich bei der eigenen schriftlichen Arbeit auf vorhandene Literatur, die zur Forschungsfrage passt und bisherige Erkenntnisse zum Thema darstellt. Möchte man Überlegungen, bestimmte Formulierungen oder Thesen von anderen für den eigenen Text verwenden, darf man sie allerdings nicht einfach aus deren Texten abschreiben – dann würde man ihre Ideen stehlen. In der Wissenschaft bezeichnet man diesen Diebstahl als Plagiat. Anders als beispielsweise beim Stehlen eines Smartphones geht es bei Plagiaten um die Entwendung geistigen Eigentums, d. h. um immaterielle Güter wie literarische Werke, die die Ideen der Autorinnen und Autoren enthalten, die über die Urheberrechte dazu verfügen.

Daher muss stets darauf geachtet werden, bestehende Formulierungen und Thesen aus anderen Texten richtig zu zitieren oder zu referieren, indem kenntlich gemacht wird, von wem bzw. woher die Inhalte stammen.

PLAGIAT

Ein Plagiat ist eine wortwörtliche oder sinngemäße (paraphrasierende) Übernahme von Elementen aus anderen Texten, die nicht kenntlich gemacht wird. Dies kann sich auf einen Gedanken oder eine Formulierung beziehen, aber auch auf ein Beispiel, eine Abbildung etc. Es gibt auch argumentativ-strukturelle Plagiate: Hier wird die Struktur und die Argumentation eines Textes übernommen, ohne diesen zu nennen. Plagiate sind unter allen Umständen zu vermeiden. Sie verletzen die Urheberrechte – das Copyright – der Autorinnen und Autoren, da sie geistiges Eigentum entwenden.

Original	wortwörtliches oder paraphrasierendes Plagiat	argumentativ-strukturelles Plagiat
Bis vor kurzem noch galt der Gemüsegarten – zumal in den Großstädten – lediglich als anachronistisches Relikt längst vergangener Zeiten. Und plötzlich verkaufen sich Nutzpflanzen besser als Ziersträucher, entdecken immer mehr Städterinnen und Städter »die neue Lust am Gärtnern«, wie der Titel eines Beitrags im ZDF-Magazin aspekte lautete. Was genau geschieht da? Zu beobachten sind derzeit mehrere Entwicklungen, die sich immer stärker verdichten und mit der Hinwendung zum Gärtnern verbinden. (Müller 2011: 22)	Gemüsegärten galten bis vor Kurzem noch als ein anachronistisches Bild lange zurückliegender Zeiten, vor allem in Großstädten. Plötzlich aber werden mehr Nutzpflanzen als Blumen verkauft und mehr und mehr Stadtbewohnerinnen und -bewohner entdecken »die neue Lust am Gärtnern« (ZDF-Magazin). Was ist da los?	Städterisches Gärtnern wurde lange Zeit als altmodisch betrachtet, doch seit Kurzem erfährt es viel Beachtung und entsprechend verkaufen sich Nutzpflanzen sehr gut. Es gibt eine neue Lust am Gärtnern, deren Entwicklung im Folgenden beschrieben werden soll.

Originaltext aus: Müller, Christa (2011): Urban Gardening. Grüne Signaturen neuer urbaner Zivilisation. In: Müller, Christa (Hrsg.): *Urban Gardening. Über die Rückkehr der Gärten in die Stadt.* München: oekom, 22–53.

Plagiate lassen sich durch einen sauberen Umgang mit den verwendeten Texten vermeiden, z. B. durch korrektes Zitieren und Referieren.

ZITAT

Möchte man Formulierungen aus anderen Texten für die eigene wissenschaftliche Arbeit übernehmen, so kann man die Inhalte zitieren. Konkret bedeutet das, dass man wortwörtliche Übernahmen aus anderen Texten in den eigenen Text einfügt und als Zitate markiert (damit sie kein Plagiat sind). Zitiert werden vor allem markante Wörter und Wortgruppen (z. B. »die neue Lust am Gärtnern« aus dem obigen Beispiel) und inhaltlich zentrale Sätze oder Abschnitte. Häufig ist dies der Fall, wenn die Formulierung schon so prägnant ist, dass man es selbst nicht präziser aufschreiben könnte.

Wichtig ist insgesamt, dass diese wörtlichen Übernahmen als solche gekennzeichnet werden (sonst würde es sich um ein Plagiat handeln). Hierfür gibt es in den einzelnen Wissenschaften unterschiedliche Möglichkeiten. Allgemein üblich sind einleitende und abschließende Anführungszeichen und die Angabe des Textes, aus dem die Formulierung übernommen wird. Zitate, die über mehr als drei Zeilen gehen, werden durch Einrückungen und Absätze vom Fließtext abgesetzt, um sie noch deutlicher zu markieren. Fremdsprachige Zitate werden übersetzt, wenn davon auszugehen ist, dass die Lesenden die betreffende Sprache nicht verstehen.

Zitat im Fließtext

Die Forschung interessiert sich in jüngerer Zeit stark für das Phänomen des Urban Gardening, für »die neue Lust am Gärtnern« (Titel eines Beitrags im ZDF-Magazin aspekte): — Fließtext

Zitat im Fließtext

Angaben des Textes

Anführungszeichen

»Zu beobachten sind derzeit mehrere Entwicklungen, die sich immer stärker verdichten und mit der Hinwendung zum Gärtnern verbinden.« (Müller 2011: 22) — vom Fließtext abgesetztes Zitat

Anführungszeichen

Angaben des Textes

So will auch die vorliegende Arbeit ... — Fließtext

Zitate stehen in der Regel nicht für sich allein, sondern werden in den eigenen Text eingebunden. Dabei sollte deutlich werden, warum das Zitat an dieser Stelle wichtig ist und wie es zu verstehen ist. Sofern ein Zitat in den Fließtext eingebettet werden soll, muss es grammatisch an diesen angepasst werden. Hierbei werden grammatische Ergänzungen in eckige Klammern gesetzt (beispielsweise einzelne Buchstaben oder Wörter). Darüber hinaus gibt es die Möglichkeit, das Zitat durch eigene Anmerkungen inhaltlicher Art zu ergänzen. Auch hier steht die inhaltliche Ergänzung in eckigen Klammern und wird durch die Angabe der Initialen vervollständigt. Dem gegenüberstehend ist es auch möglich, Buchstaben, Wörter, Satzteile oder ganze Sätze aus dem Zitat wegzulassen. Solche Auslassungen werden ebenfalls mit eckigen Klammern dargestellt, in denen drei Punkte kennzeichnen, dass etwas aus der ursprünglichen Formulierung fehlt:

grammatikalische Ergänzung

Müller (2011: 22) versteht Urban Gardening als eines von vielen »anachronistische[n] [gemeint sind vergangene; Anmerkung B. R.] Relikt[en]«.

»Zu beobachten sind [...] Entwicklungen, die sich [...] mit der Hinwendung zum Gärtnern verbinden.« (Müller 2011: 22)

eigene Anmerkung mit Initialen

Auslassungen

Insgesamt wird die ursprüngliche Rechtschreibung und Zeichensetzung des Originals beibehalten. Grundsätzlich sollte daher nur dann zitiert werden, wenn der Inhalt der betreffenden Textstelle nicht in eigenen Worten wiedergegeben werden kann und wenn sich das Zitat gut in den eigenen Fließtext einbetten lässt. Das ist z. B. der Fall, wenn das Zitat einen neuen wichtigen Ausdruck einführt oder einen Sachverhalt sehr präzise und einprägsam formuliert. Christa Müller ist diese Art der Einbettung mit dem Zitat »die Lust am Gärtnern« gut gelungen. Wichtig ist, dass der eigene Text deutlich überwiegt. Wer zu viel zitiert, erweckt schnell den Eindruck, dass er oder sie selbst nichts zu sagen hat. Um das zu vermeiden, kann man auf sinngemäße Wiedergaben aus anderen Texten (sogenannte Referate) zurückgreifen.

REFERAT

Ein Referat ist eine sinngemäße, also nicht wortgetreue Wiedergabe von Aussagen anderer Texte, die im Fließtext ausdrücklich genannt werden müssen. Es wird sprachlich als solches markiert, etwa durch Konjunktiv (*gelte, komme, sei, …*), Verweis auf die Wiedergabe (z. B.: *Müller (2011) behauptet / stellt fest / schreibt, dass …; Laut Müller (2011) …*) und Nennung des Textes, aus dem referiert wird (z. B.: *vgl. Müller 2011*).

Original

Bis vor kurzem noch galt der Gemüsegarten – zumal in den Großstädten – lediglich als anachronistisches Relikt längst vergangener Zeiten. Und plötzlich verkaufen sich Nutzpflanzen besser als Ziersträucher, entdecken immer mehr Städterinnen und Städter »die neue Lust am Gärtnern«, wie der Titel eines Beitrags im ZDF-Magazin aspekte lautete. Was genau geschieht da? Zu beobachten sind derzeit mehrere Entwicklungen, die sich immer stärker verdichten und mit der Hinwendung zum Gärtnern verbinden. (Müller 2011: 22)

Referat

Laut Müller (2011) ist der Gemüsegärten eigentlich ein Bild längst vergangener Zeiten. Doch plötzlich sei eine Zunahme im Verkauf von Nutzpflanzen im Vergleich zu Zierpflanzen zu beobachten. Damit stelle sich die Frage, woher dieser Wandel komme und wie sich diese Entwicklung erklären lasse (Müller 2011).

Literaturangaben machen

Bei Zitaten und Referaten ist es wichtig, genau anzugeben, auf welcher Seite oder in welchem Abschnitt die betreffende Textstelle im Originaltext steht. So können die Lesenden sie ggf. finden und selbst nachlesen. Das macht auch den eigenen Text transparent und nachvollziehbar. Für Literaturangaben im eigenen Text gibt es prinzipiell drei Möglichkeiten: in einer Fußnote auf der gleichen Seite, in einer Endnote am Schluss des Textes oder in Kurzzitierweise direkt im Text. Fuß- und Endnoten werden im Fließtext mit einer hochgestellten Zahl nummeriert; diese steht am Ende des Satzes oder direkt nach dem Wort, auf das sie sich beziehen. Die Literaturangaben selbst finden sich, zumeist in kleinerer Schrift, am Seiten- bzw. Textende. Bei der Kurzzitierweise werden nur die Nachnamen der Autorinnen und Autoren, das Publikationsjahr und die Seitenzahl angegeben, also *Müller (2011: 22) erläutert …* oder *(vgl. Müller 2011: 22)*.

Fußnote	**Endnote**	**Textende**	**Kurzzitierweise**
Text Text Text Text Text Text Text Text.[1] Text Text Text 1 Literaturangabe	Text Text Text Text Text Text Text Text.[1] Text Text Text	→ 1 Literaturangabe	Text Text Text Text Text Text Text (Autor/-in Jahr: Seite).

Zur Gestaltung von Literaturangaben gibt es unterschiedliche Traditionen, z. B. von der Modern Language Association (MLA), der American Psychological Association (APA) oder dem International Committee of Medical Journal Editors (VANCOUVER). Links zu Übersichten dieser Stile finden sich am Ende dieses Buchs. Wenn man das Prinzip einmal verstanden hat, kann man sich aber relativ leicht in andere Formate einarbeiten. Viele Betreuende geben an, welches Format sie für die Literaturangaben bevorzugen, oder formulieren eigene Vorgaben. Daran sollte man sich unbedingt halten.

Tipp: *Vorgaben beachten*
Häufig gibt es an Universitäten bestimmte Vorgaben zur Art der Literaturangaben. Dabei sind diese Handreichungen oder Leitfäden meist auf ein Studienfach bzw. einen Studiengang spezialisiert. Es ist also sinnvoll, sich direkt am Anfang des Studiums zu informieren, ob es so ein Dokument mit den Vorgaben zu den Formalia von wissenschaftlichen Arbeiten gibt.

BIBLIOGRAFISCHE ANGABEN

Die vollständigen Literaturangaben – die bibliografischen Angaben – gehören normalerweise in ein Literaturverzeichnis, das in der Regel am Ende der Arbeit steht und alle verwendeten Texte (und nur diese!) in alphabetischer Reihenfolge aufführt. Nur wenn die Angaben schon in Fuß- oder Endnoten genannt sind, ist das Literaturverzeichnis fakultativ.

Grundsätzlich ist zu beachten, dass es verschiedene Arten von wissenschaftlichen Texten gibt. Danach unterscheiden sich auch die Literaturangaben.

Ist der wissenschaftliche Text Teil einer größeren Publikation?
[Das erkennt man daran, dass das Inhaltsverzeichnis weitere Publikationen anderer Autorinnen und Autoren mit jeweils eigenem Titel aufführt.]

NEIN → **Es handelt sich um eine Monografie,** also um eine wissenschaftliche Arbeit einer Autorin / eines Autors bzw. eines Autorenteams in Buchlänge. Solche Texte erscheinen zum Teil in Reihen.

JA → Der Text ist nicht buchlang, sondern Teil eines Buchs bzw. einer Zeitschrift.

→ **Handelt es sich um eine fortlaufend erscheinende wissenschaftliche Zeitschrift?**
Solche werden regelmäßig zu bestimmten Spezialthemen verlegt. Man erkennt sie zumeist daran, dass im Titel »Zeitschrift« oder »Journal« steht und die Ausgaben nummeriert sind.

JA → **Solche Texte bezeichnet man als Artikel.**

NEIN → **Der Text ist ein Aufsatz, also Teil eines Sammelbands**, der Aufsätze verschiedener Autorinnen und Autoren versammelt und von einer oder mehreren Personen herausgegeben (= organisiert, zusammengestellt, betreut) wird.

AUFBAU DES LITERATURVERZEICHNISSES

Wenn das Literaturverzeichnis mehrere Texte derselben Autorin enthält, werden diese nach dem Erscheinungsjahr sortiert. Wurden mehrere Texte eines Autors im selben Jahr publiziert, so werden sie zusätzlich mit Buchstaben von *a* bis *z* markiert, also z. B. *Müller 2007a*, *Müller 2007b*. Haben mehrere Autorinnen und Autoren zusammen geschrieben, nennt man sie immer genau in der Reihenfolge, wie sie der Text selbst aufführt. Denn die Reihenfolge spiegelt oft den Anteil der Einzelnen an der Gesamtpublikation wider: Weiter vorn stehen üblicherweise diejenigen, die dazu mehr beigetragen haben; wer an letzter Stelle genannt ist, hat in der Regel das Projekt geleitet, das dem Text zugrunde liegt.

Bei Texten, die auch oder nur digital bzw. online erschienen sind, wird der Link zusammen mit dem letzten Zugriffsdatum genannt. Viele Publikationen haben auch einen festen digitalen Erscheinungsort, einen sogenannten Digital Object Identifier (DOI), der am Ende des Literatureintrags aufgeführt wird.

Literaturverzeichnis

Monografie

Fantasieautorin, Vorname (2009a): *Wie schreibt man über Urban Gardening?* Waldstadt: Waldverlag.

Fantasieautorin, Vorname (2009b): *Wie liest man über Urban Gardening?* Waldstadt: Waldverlag.

Monografie. Da sie von derselben Autorin und aus demselben Jahr ist wie der vorige Text, wird mit den Buchstaben a und b unterschieden

Aufsatz

Fantasieautorin, Vorname (2019): Urban Gardening – eine Erfolgsgeschichte. In: Fantasieherausgeber, Vorname (Hrsg.): *Neue Geschichten vom Urban Gardening.* Waldstadt: Waldverlag, 39–67.

Monografie von zwei Autor/-innen

Fantasieverfasser, Vorname & Fantasieautorin, Vorname (2019): *Neue Perspektiven auf Urban Gardening.* Dorfstadt: Dorfverlag.

Fantasieverfasser, Vorname, Fantasieautorin, Vorname & Kreativautor (2021): *Allerneueste Publikationen zu Urban Gardening.* Stadt: Stadtverlag.

Monografie von drei Autor/-innen

Artikel

Fantasieverfasser, Vorname (2022): Soziale Perspektiven auf Urban Gardening. *Zeitschrift für Urban Gardening* 22, 49–72.

3. Auflage

Kreativautor, Vorname (2003): *Urban Gardening.* Dorf: Dorfverlag (3. Auflage).

Kreativautorin, Vorname (2003): *Urban Gardening – ein neues Bild.* Unveröffentlichtes Manuskript. Universität Dorf.

unveröffentlichtes Manuskript

Kreativverfasserin, Vorname (2011): *Urban Gardening. Die Garten-Perspektive.* Unveröffentlichte Doktorarbeit. Universität Dorf.

unveröffentlichte Doktorarbeit

Festschrift (= **Sammelband** zu Ehren einer wissenschaftlichen Persönlichkeit)

Kreativverfasserin, Vorname (Hrsg.) (2017): *Urban Gardening in der Wissenschaft. Eine Festschrift für Fantasieverfasserin.* Dorf: Dorfverlag.

Kreativverfasserin, Vorname (2021): *Urban Gardening – neue Überlegungen.* www.dorfplatz.de/urban-gardening, gesehen am 20.12.2021.

URL mit letztem Zugriffsdatum

BESONDERE ARTEN WISSENSCHAFTLICHER QUELLEN

Daneben gibt es noch weitere Typen wissenschaftlicher Texte, beispielsweise Facharbeiten für die Schule, Hausarbeiten zu Veranstaltungen im Studium, die studienabschließenden Bachelor- und Masterarbeiten, Doktorarbeiten (auch Dissertationen genannt) und Habilitationen. All dies sind Qualifikationsschriften, die verfasst werden, um einen Abschluss vorzubereiten oder zu erwerben. Man behandelt sie als Monografien. Wenn die betreffende Arbeit (noch) nicht publiziert ist, schreibt man anstelle von Verlag und Publikationsort *Unveröffentlichte Doktorarbeit. Universität XY* oder entsprechend *Unveröffentlichte Seminararbeit* etc. Bibliografien (= Sammlungen von Literaturangaben) werden ebenfalls als Monografien behandelt, Atlanten und Festschriften (= Zusammenstellungen von Aufsätzen verschiedener Forschender zu Ehren einer berühmten Forschungspersönlichkeit) gelten dagegen als Sammelbände.

Forschung und Quellen finden

Um Texte zu zitieren oder zu referieren, muss man sie erst einmal finden. Dafür gibt es prinzipiell zwei Möglichkeiten, die sich gut ergänzen: das Schneeballsystem und die Recherche in Datenbanken.

SCHNEEBALLSYSTEM

Man kann mit den neuesten wissenschaftlichen Texten zum Thema beginnen; Tipps dazu erhält man z. B. von der Person, die die Arbeit betreut. In den Literaturlisten dieser Texte findet man wiederum weitere Publikationen, auf die sie sich beziehen usw. Dieses Vorgehen wird als Schneeballsystem bezeichnet, weil sich damit – gleich einem geworfenen Schneeball, der eine Lawine auslöst – recht schnell sehr viel Literatur ansammelt. Es ist allerdings kein systematischer Ansatz und die Ergebnisse sind oft zufällig. Sie hängen z. B. stark davon ab, mit welchem wissenschaftlichen Text man startet und wie gründlich die Autorinnen und Autoren dieser Texte ihrerseits recherchiert haben.

DATENBANKEN

Für eine systematische Literaturrecherche gibt es Suchmaschinen. Es ist aber nicht sinnvoll, einfach ins Internet zu gehen und in den gängigen Suchmaschinen »Urban Gardening« und »Wissenschaft« einzutippen, weil man dann viele irrelevante Treffer erhält. Hilfreicher sind spezialisierte Suchmaschinen für wissenschaftliche Datenbanken, denn sie bieten viele erweiterte Suchmöglichkeiten mit Schlagwörtern, nach Fachrichtungen (z. B. Biologie, Chemie, …), nach Themen, nach Autorinnen und Autoren usw. Allerdings gibt es sehr viele Datenbanken. Allein das Datenbanken-Infosystem (DBIS) umfasst ca. 6 000. Es bietet auch Suchmöglichkeiten an, um zunächst einmal die Datenbank zu finden, die zur eigenen Forschungsfrage passt. In der kann dann wiederum nach Texten gesucht werden. Das kann recht schnell unübersichtlich werden. Bei den ersten eigenen wissenschaftlichen Texten sollte man sich deshalb am besten beraten lassen, welche Datenbanken geeignet sind.

Einzelne Bibliothekskataloge der eigenen Uni- oder Stadtbibliothek sind für die Literaturrecherche nicht hinreichend verlässlich, denn ihr Inventar von Büchern ist in der Regel begrenzt. Das gilt auch für Onlineportale wie ResearchGate oder Academia.edu, wo Wissenschaftlerinnen und Wissenschaftler ihre Publikationen (meist kostenfrei) zur Verfügung stellen: Da nicht alle Forschenden dies tun, sind diese Portale ebenfalls nicht vollständig.

Tipp: *Universitätsbibliothek*

Viele Universitätsbibliotheken bieten Onlinekurse zum Recherchieren und zum Umgang mit Datenbanken an, bei denen man sich oft auch anmelden kann, wenn man nicht an der jeweiligen Uni eingeschrieben ist.

AUF TEXTE ZUGREIFEN

Wer Forschungsliteratur gefunden hat, muss die Texte selbst anschließend ausfindig machen. Viele wissenschaftliche Texte sind mittlerweile online verfügbar, entweder über die Portale von Universitätsbibliotheken, frei im Netz oder über die oben genannten Portale. Es lohnt sich also, zunächst digital zu suchen. Über den Karlsruher Virtuellen Katalog lässt sich zudem ermitteln, in welcher Bibliothek die gesuchten wissenschaftlichen Texte digital oder auch in gedruckter Form erhältlich sind.

Erfahrungsbericht: ***Viel Literatur gefunden – und nun?***
Meine Literaturrecherche für die Facharbeit zu Urban Gardening hat zu 200 Treffern geführt. Bei der wenigen Zeit, die mir für die Arbeit gegeben wird, konnte ich die unmöglich alle lesen. Ich musste daher eine Auswahl treffen: Standardwerke, auf die sich alle anderen Arbeiten mit der gleichen Forschungsfrage beziehen, habe ich auf jeden Fall berücksichtigt. Zudem habe ich neuere gegenüber älteren Arbeiten bevorzugt, weil sie aktueller sind. Arbeiten, die sich zwar auch, aber nur am Rande mit Urban Gardening beschäftigen, habe ich vernachlässigt. Zum Beispiel sind für meine Forschungsfrage, was Schulen zu Urban Gardening motiviert, historische Untersuchungen zur Entstehung nicht so wichtig.

ÜBERBLICK ÜBER QUELLEN BEHALTEN

Gerade wenn man sehr viel Literatur findet, sollte das Gefundene auch möglichst systematisch organisiert werden. Dafür gibt es spezielle Software. Solche Programme zur Literaturverwaltung sind meist kostenpflichtig, manchmal sind sie aber auch über Universitätsbibliotheken oder allgemein als Freeware kostenlos verfügbar. Man kann damit alle gefundenen Titel mit Schlagwörtern, Inhaltsverzeichnis etc. ordnen; je nach Software können auch Literaturangaben aus Datenbanken oder von Websites komplett importiert werden. Darüber hinaus kann man damit in der Regel automatisiert Literaturverzeichnisse in der jeweils notwendigen Form erstellen.

Wie viel Literatur bei der Recherche gefunden wird, ist vor allem abhängig von der Forschungsfrage: Je umfassender diese formuliert ist, desto mehr Literatur wurde dazu schon veröffentlicht und desto komplexer ist somit der Forschungsstand, der aufgearbeitet werden muss. Ein (zu) weit gefasstes Thema lässt sich in der Zeit, die dafür zur Verfügung steht, also unter Umständen gar nicht bearbeiten. Eine eng gefasste Frage wiederum hilft zu entscheiden, welche wissenschaftlichen Texte dafür relevant und welche weniger wichtig sind.

Erfahrungsbericht: ***Themenfindung und Beratung***
Ich wollte zunächst untersuchen, wie man Urban Gardening in die Städte bringen kann. Meine Betreuerin sagte mir jedoch, das wäre als Forschungsfrage recht groß. Man müsste dann verschiedene Typen von Städten

berücksichtigen, z. B. Kreis- und Hauptstädte, die ganz unterschiedliche Voraussetzungen und Interessen haben, und auch international denken. Deshalb gäbe es vermutlich auch einen zu umfangreichen Forschungsstand, durch den man sich durcharbeiten müsste. Bei einer zu großen Forschungsfrage bliebe nur wenig Zeit und Raum für eigene Ideen und Untersuchungen. Folglich bestünde die Gefahr, dass ich nichts Eigenes zum Thema beitragen könnte. Wie Urban Gardening in die Schulen kommt, ist eine kleinere Fragestellung, und die Frage, wie es in Realschulen in NRW kommt, ist sogar zusätzlich lokal beschränkt, dazu gibt es vergleichsweise wenig Forschungsliteratur. Zu dieser Frage kann ich tatsächlich etwas Neues sagen, und Wissenschaft sollte ja immer zu neuen Erkenntnissen führen. Das soll nicht heißen, dass nur zu winzigen Fragestellungen geforscht werden soll, aber bei Fragen, die in relativ kurzer Zeit bearbeitet werden müssen, muss man das mitdenken.

FORSCHUNGSSTAND

Auf der Basis der ausgewählten wissenschaftlichen Texte wird der Forschungsstand dargestellt. Das bedeutet nicht, die Literatur unverbunden aneinanderzureihen, etwa in Verkettungen des Typs »Müller sagt ..., Bauer meint ..., Meier sagt ...«. Das Ziel ist vielmehr eine systematische Aufbereitung: Die bisherige Forschung wird unterteilt – z. B. nach Fachgruppen – und zusammengehörige Literatur zusammenhängend dargestellt. Das kann z. B. so aussehen:

> »Kulturwissenschaftliche Studien wie die Arbeiten von ... und ... haben belegt, dass ... Forschungsarbeiten aus der Geografie deuten an ... Insgesamt lässt sich festhalten ...«.

Eine solche Darstellung gibt den Lesenden einen Überblick und erleichtert ihnen die Einarbeitung ins Thema. Darüber hinaus kann anhand des Forschungsstandes begründet werden, warum die jeweilige Forschungsfrage von Interesse ist und welche Forschungslücke die eigene wissenschaftliche Arbeit beispielsweise füllt.

Wissenschaft lesen und verstehen

Wissenschaftliche Texte zu verstehen, ist nicht immer einfach. Sie sind keine Abenteuerromane, und ihre Lektüre ist oft aufwendig und kräftezehrend. Auch erfahrene Forschende benötigen dafür häufig viel Zeit, denn sie müssen das Geschriebene beim Lesen fortlaufend hinterfragen, überprüfen und bewerten. Eigentlich sollte man deshalb auch nicht von Lesen sprechen, sondern eher vom Studieren wissenschaftlicher Texte.

Erfahrungsbericht: ***Lese- und Schreibblockade***
Eigentlich hatte alles gut angefangen mit der Facharbeit, aber auf einmal ging es mit dem Lesen nicht weiter. Ich war wie blockiert, zum Teil habe ich die Texte nicht verstanden. Ich habe mich dann von meiner Lehrerin, Frau Gardenia, beraten lassen und Folgendes probiert: Nach dem Lesen habe ich mit Freunden über die Texte gesprochen und die Inhalte erzählt und erklärt. Dabei ist mir dank der vielen Nachfragen noch mal vieles klarer geworden. Später hatte ich dann Schwierigkeiten, meine Überlegungen zu Papier zu bringen. Auch hier habe ich Tipps bekommen. Es kann helfen, mit Stichworten zu beginnen und die dann später zu sortieren und auszuformulieren. Wenn es hakt, erst mal einen anderen Textbaustein probieren, eine Pause machen, mit anderen über die Arbeit sprechen. Manchmal hilft es auch, sich selbst den Baustein zu erzählen, sich dabei vielleicht aufzunehmen und das dann abzutippen und zu überarbeiten. Und klar, in erster Linie Kontakt mit der Betreuerin suchen. An der Universität meiner Schwester haben sie auch eine professionelle Schreibberatung mit super Angeboten wie einem »Schreibcafé« oder einer »Nacht der aufgeschobenen Hausarbeiten«. Ich kann nur raten, sich Unterstützung zu holen, wenn es hakt.

SQ3R-METHODE

Um einen wissenschaftlichen Text zu lesen und zu verstehen, gibt es verschiedene Möglichkeiten des Vorgehens. Ein bewährtes Verfahren für das erfolgreiche Lesen und Verstehen wissenschaftlicher Texte ist die sogenannte SQ3R-Methode. Diese eigentümliche Abkürzung SQ3R steht für Survey, Question, Read, Recite,

Review. Sie zerlegt das Studieren in mehrere Phasen vor, während und nach dem Lesen und hilft den Lesenden bei der Lektüre des Textes:

Survey
Vor dem Lesen überlegt man, was man schon über das Thema weiß und was einem der Titel, das Inhaltsverzeichnis und das Literaturverzeichnis über den betreffenden Text verraten.

Question
Anschließend überlegt man, welche neuen Erkenntnisse die Lektüre verspricht und welche Fragen einem der Text beantworten kann oder sollte. So wird das Vorwissen aktiviert und man bereitet sich gewissermaßen auf das Lesen vor.

Read
Beim Lesen selbst kann man zunächst mit dem Schlussteil beginnen – so erfährt man, wofür die Arbeit argumentiert. Ausgestattet mit diesem Wissen kann man den Text anschließend von vorn lesen. Beim ersten Lesen geht es darum, erst einmal grundsätzlich zu verstehen, wovon der Text handelt und wofür er argumentiert. Schwer verständliche Passagen oder unklare Begriffe werden markiert und entweder gleich oder später gründlicher durchgearbeitet, ggf. mit einem Lexikon oder mithilfe entsprechender Fachliteratur. Wichtige Sätze oder Passagen werden unterstrichen und am besten jeder Abschnitt kurz zusammengefasst. Das erleichtert es, den Text zu verstehen.

Recite
In der Recite-Phase wird kritisch überprüft, ob der Text die eigenen Fragen aus der Question-Phase beantwortet hat und ob er zum eigenen Vorwissen passt oder ihm widerspricht.

Review
Nach dem Lesen führt man sich vor Augen, wie der Text argumentiert, und fasst ihn zusammen. Solche Zusammenfassungen (auch: Inhaltsangaben) stehen in der Regel im Präsens. Sie bewerten den Text nicht, sondern geben seine wesentlichen Inhalte in kurzer und knapper Form wieder.

LEKTÜRE NACH DER SQ3R-METHODE AM BEISPIEL

Die SQ3R-Methode wird hier beispielhaft erläutert anhand des Aufsatzes »Urban Gardening. Grüne Signaturen neuer urbaner Zivilisation« von Christa Müller aus dem Jahr 2011: In der Phase Survey kann man sich anhand des Titels überlegen was man über Urban Gardening und Zivilisationen schon alles weiß. »Grüne Signaturen« im Untertitel deutet an, dass es um ökologische Konzepte geht, für die bestimmte Städte mit ihrer Unterschrift stehen.

Bevor das Lesen beginnt, werden in der Phase Question Fragen an den Text formuliert. Bei dem Titel »Urban Gardening. Grüne Signaturen neuer urbaner Zivilisation« könnten sich folgende Fragen stellen: Was hat Urban Gardening mit Zivilisation zu tun? Warum heißt es *neue* urbane Zivilisation? Was wäre eine *alte* urbane Zivilisation? usw.

Nun kommt die Phase Read. Die Unterstreichungen, Randbemerkungen und Markierungen, die man bei der Lektüre vornimmt, könnten hier so aussehen:

unbekannte Begriffe markieren

Wichtiges wird unterstrichen

Bis vor kurzem noch galt der Gemüsegarten – zumal in den Großstädten – lediglich als anachronistisches Relikt längst vergangener Zeiten. Und plötzlich verkaufen sich Nutzpflanzen besser als Ziersträucher, entdecken immer mehr Städterinnen und Städter »die neue Lust am Gärtnern«, wie der Titel eines Beitrags im ZDF-Magazin aspekte lautete. Was genau geschieht da? Zu beobachten sind derzeit mehrere Entwicklungen, die sich immer stärker verdichten und mit der Hinwendung zum Gärtnern verbinden. (Müller 2011: 22)

die neue Lust am Gärtnern

Wichtiges rausschreiben

In der anschließenden Review-Phase wird der Text in eigenen Worten kurz zusammengefasst. Bei unserem Beispieltext könnte das etwa so aussehen wie in der linken Spalte, es sollte nicht so aussehen wie in der rechten Spalte.

problematische Zusammenfassung

Der Gemüsegarten ist ein Bild längst vergangener Zeiten. Laut Müller (2011) ist eine plötzliche Zunahme im Verkauf von Nutzpflanzen verglichen mit Zierpflanzen zu beobachten. Er fragt sich daher, woher dieser Wandel kommt und wie sich diese Entwicklung erklären lässt.

unklar, ob erster Satz Teil der Zusammenfassung ist

falsches Geschlecht

fehlende Literaturangabe

gelungene Zusammenfassung

Laut Müller (2011) ist der Gemüsegarten ein Bild längst vergangener Zeiten. Doch plötzlich sei eine Zunahme im Verkauf von Nutzpflanzen verglichen mit Zierpflanzen zu beobachten. Müller fragt sich daher, woher dieser Wandel kommt und wie sich diese Entwicklung erklären lässt.

Müller, Christa (2011): Urban Gardening. Grüne Signaturen neuer urbaner Zivilisation. In: Müller, Christa (Hrsg.): *Urban Gardening. Über die Rückkehr der Gärten in die Stadt*. München: oekom, 22–53.

Erfahrungsbericht: *Zusammenfassungen schreiben*

Mir hat es sehr geholfen, für wissenschaftliche Texte unmittelbar nach dem Lesen Zusammenfassungen zu schreiben. So konnte ich beim eigentlichen Schreiben dann schon auf kleinere Textbausteine zurückgreifen und sie in meinen Text integrieren. Das hat viel Zeit gespart, weil ich den Text nicht noch mal lesen musste. Und es hat sich sehr gut angefühlt, schon was geschrieben zu haben. Wichtig war dabei, dass ich mir bei der Zusammenfassung auch gleich die Literaturangabe dazu notiert und alle wörtlichen Zitate markiert hatte.

In der Phase Recite wird dann überprüft, ob der Text die eigenen Fragen an ihn beantwortet hat. In unserem Fall lässt sich z. B. die Frage nach dem Zusammenhang von Urban Gardening und Zivilisationen in die Richtung beantworten, dass Urban Gardening neue soziale Formen zukunftsfähiger Stadtentwicklung ermöglicht.

PLANEN

Sammeln und gliedern

Wissenschaftliche Texte haben eine besondere Struktur. Sie ergibt sich zum einen aus inhaltlichen Gründen (etwa durch logische Sachzusammenhänge wie beim Urban Gardening, das die Stadt und den Garten zusammendenkt), zum anderen aus mehr oder weniger festgelegten Erwartungen an ihren Aufbau (z. B. daraus, was im Schlusskapitel stehen soll).

Erfahrungsbericht: *Planlos drauflos schreiben*

Zu Beginn dachte ich, dass ich einfach alles runterschreibe, was mir zu Urban Gardening einfällt. Aber ich habe schnell gemerkt, dass das nicht funktionieren wird. Wissenschaftliches Schreiben ist kein kreatives Schreiben, und ein wissenschaftlicher Text wird nicht spontan und ohne Nachdenken geschrieben. Man braucht also einen Plan, eine Gliederung fürs Schreiben. Dann kann man einzelne Textbausteine zu den Gliederungspunkten schreiben oder Schritt für Schritt der Gliederung folgen. In beiden Fällen muss man darauf achten, dass man sich nicht widerspricht, also dass z. B. Einleitung und Schluss zusammenpassen. Planlos würde ich auf keinen Fall schreiben.

STOFFSAMMLUNGEN

Ein erster Schritt auf dem Weg zu einer Gliederung sind Stoffsammlungen, die Aspekte eines Themas zusammenstellen. Sie können assoziativ erstellt werden (z. B. durch Mindmaps) oder systematisch (durch Clustern) oder auch in einer Kombination von Mindmapping und Clustern.

Mindmap

Mindmaps sind visuelle Darstellungen eines zusammenhängenden Themengebiets. In der Regel schreibt man das Thema in die Mitte eines Blattes, umkreist es und schreibt dann assoziativ weitere Aspekte dieses Themas auf und zu diesen wiederum weitere davon abhängige Aspekte.

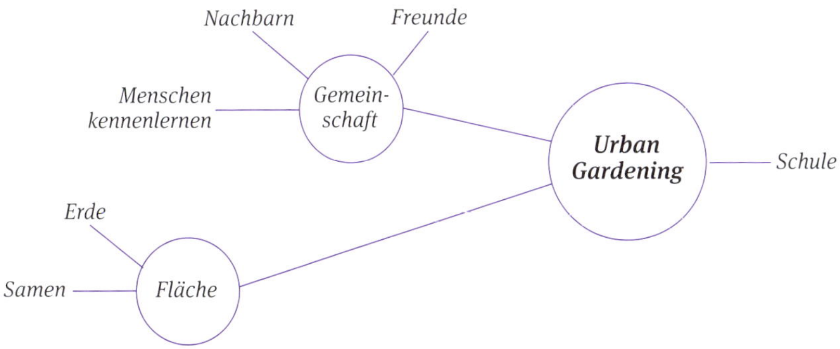

- spontan und kreativ
- sammeln und verbinden

Cluster

Das Clustern zählt zu den systematischen Verfahren, es ordnet Themengebiete nach bestimmten Kriterien. In beiden Fällen kann auch auf Wissen zurückgegriffen werden, das man durch Lesen der Forschungsliteratur gewonnen hat.

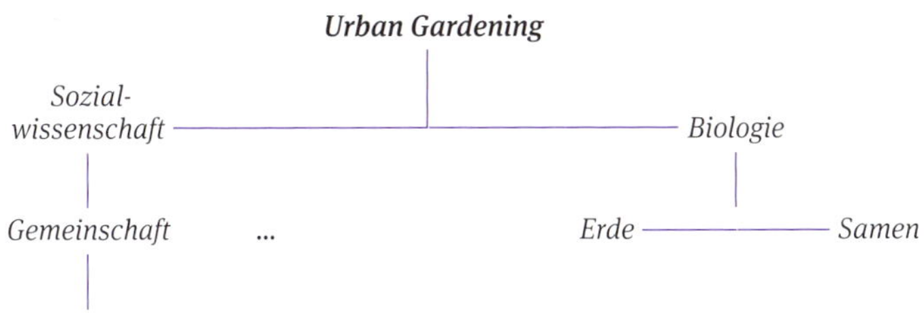

- systematisieren und ordnen
- Abhängigkeiten und Zusammenhänge erfassen

Tipp: *Rat einholen*
Es ist immer hilfreich, sich Unterstützung bei betreuenden Personen zu suchen. Beratungen können dir bei allen Phasen helfen.

Kombiniertes Verfahren

Bei kombinierten Verfahren wird in der Regel zunächst eine Mindmap erstellt, diese anschließend geclustert und so in eine Gliederung überführt, nach der dann das Inhaltsverzeichnis und der Text erstellt werden.

Urban Gardening

1 Soziales

1.1 Gemeinschaft

1.2 Schule

1.3 ...

2

- Kombination aus Mindmap und Cluster
- erste Gliederungsidee
- wird während des Schreibens angepasst

Erfahrungsbericht: *Brainstorming*

Bei meiner Mindmap zum Urban Gardening ist mir sogleich der Begriff »Gemeinschaft« in den Sinn gekommen und davon ausgehend dann »Menschen kennenlernen, Freunde, Nachbarn ...«. Zusätzlich habe ich geclustert, hier habe ich einfach von Schulfächern aus gedacht, also beispielsweise Sozialwissenschaften und Biologie ... Dabei habe ich auch einzelne Punkte aus der Mindmap mit aufnehmen können, bei Sozialwissenschaft ist ja z.B. klar, dass das etwas mit Menschen zu tun hat. Anschließend habe ich beides in eine erste Gliederung gebracht, indem ich aus der Mindmap und dem Cluster gemeinsame und verschiedene Punkte zusammengedacht habe.

Strukturieren

Nach dem Mindmapping, dem Clustern oder einem Kombinationsverfahren gilt es, aus dem Zusammengetragenen eine Gliederung zu entwickeln. Deren Grundpfeiler sind Einleitung, Hauptteil und Schlusskapitel.

EINLEITUNG

Die Einleitung führt zum Thema hin, z. B. mit einer allgemeinen Beobachtung wie in dem Urban-Gardening-Text von Christa Müller. Dann wird die Zielsetzung, also die Forschungsfrage der Arbeit genannt und begründet, zumeist auch mit Bezug auf die bisherige Forschung. Und man gibt an, in welchem Rahmen und mit welcher Methode man arbeitet, ob also z. B. Urban Gardening aus einer gesellschafts- oder einer ernährungswissenschaftlichen Perspektive betrachtet wird oder ob und ggf. welche Daten erhoben wurden (z. B. Interviews). In der Einleitung kann auch bereits stehen, worauf die Arbeit hinauswill, was behauptet oder was angenommen wird. Eine Hypothese könnte z. B. sein, dass Urban Gardening für Schulen gewinnbringend ist. In der Einleitung wird außerdem erläutert, wie die Arbeit aufgebaut ist.

Fallbeispiel *Einleitung*

In vielen Städten findet man öffentlich zugängliche Flächen, in denen Menschen miteinander gärtnern, Zeit miteinander verbringen und sich in Teilen selbst versorgen. *(allgemeine Beobachtung)* Man bezeichnet diese sehr populär gewordene Lebensform als Urban Gardening. Interessanterweise gibt es seit einigen Jahren auch viele Schulen, die Arbeitsgemeinschaften und Nutzflächen für Urban Gardening anbieten. Damit stellt sich die Frage, was Schulen zum Gärtnern bringt und wie ihre Schulleitungen dies beurteilen. *(Forschungsfrage)* Im Rahmen der vorliegenden Facharbeit sollen daher durch Telefoninterviews mit ausgewählten Schulleitungen die Gründe für die Einrichtung von Arbeitsgemeinschaften fürs Urban Gardening ermittelt werden, *(Methode)* wobei sowohl eine lebenswissenschaftliche als auch eine schulpädagogische Perspektive eingenommen werden. *(Perspektive)* Dazu wird in Kapitel 2 zunächst der aktuelle Forschungsstand vorgestellt. Kapitel 3 ... *(Struktur)*

SCHLUSS

Das Schlusskapitel fasst die Arbeit zusammen, betont die erzielten Ergebnisse und verortet sie in Bezug auf den Forschungsstand. Dabei kann auch Selbstkritik geübt werden, eventuell sollte man das sogar tun, z. B. wenn Experimente oder Erhebungen nicht mängelfrei durchgeführt wurden. Es ist immer besser, auf solche kritischen Punkte selbst hinzuweisen, als dass die Betreuenden es tun. Das Kapitel schließt oft mit einem Ausblick, der z. B. den Nutzen der Arbeit für die weitere Forschung andeutet oder auf Konsequenzen verweist, die sich aus den Resultaten ergeben.

Fallbeispiel *Schlusskapitel*

Was treibt Schulen in die Gärten? Was motiviert sie zu Urban Gardening? Auf der Basis von drei Interviews mit Schulleitungen aus NRW-Realschulen mit einer Urban-Gardening-Arbeitsgemeinschaft konnte zunächst herausgefunden werden, dass vor allem ein großes Interesse am schulischen Miteinander, am lernförderlichen Klima und an der Bildung für nachhaltige Entwicklung besteht. Gleichzeitig sind sich alle drei Schulleitungen darin einig, dass die Einrichtung einer Urban-Gardening-Arbeitsgemeinschaft eine große organisatorische Herausforderung bedeutet. Es bedarf dafür eines Schulgartens und eines engagierten Kollegiums. — *Zusammenfassung*

Freilich stützen sich diese Ergebnisse nur auf drei Interviews, sie lassen sich somit nicht auf alle Schulen in Deutschland übertragen — *Selbstkritik* — und es bedürfte weiterer Forschung, um die hier gestellte Forschungsfrage abschließend zu klären. — *weitere Forschung* — Mit aller Vorsicht kann jedoch jetzt schon vermutet werden: Urban Gardening ist in den Augen der Schulleitungen ein Gewinn für Schulen. — *Ergebnis*

REIHENFOLGE DES SCHREIBENS

Die verschiedenen Teile einer Arbeit werden meist nicht in derselben Reihenfolge geschrieben, in der sie später gelesen werden. Zwar muss man sich schon zu Beginn sehr klar darüber sein, was die Forschungsfrage ist – am besten notiert man sich die auf ein großes Blatt und hängt das gut sichtbar neben oder über den Schreibtisch, damit man wirklich die ganze Arbeit darauf ausrichtet.

Aber die endgültige Version der Einleitung schreibt man am besten erst, wenn alle anderen Teile fertig sind. Damit soll sichergestellt werden, dass Schlusskapitel und Einleitung sich nicht widersprechen und die Einleitung schon auf den Schluss hinarbeitet.

AUFBAU DES HAUPTTEILS

Für den Hauptteil gibt es keinen festgelegten Aufbau und folglich auch keine feste Gliederung. Es gibt jedoch einige Ordnungsprinzipien.

Sachlogik: Das erste ist, die einzelnen Textteile entsprechend der Sachlogik anzuordnen: Grundlagen stehen vor dem Weiterführenden, Gründe vor den Konsequenzen, Annahmen vor den Ergebnissen usw.

Fachlogik: Das zweite Ordnungsprinzip setzt bei den unterschiedlichen Fächern an: Ergebnisse aus der Pädagogik, der Sozialwissenschaft, der Ökologie werden nacheinander behandelt; innerhalb dieser Bereiche folgt die Darstellung wiederum der Sachlogik.

Zeitlogik: Das dritte Ordnungsprinzip ist Chronologie: Der Hauptteil wird nach zeitlichen Aspekten geordnet. Das bietet sich z. B. an, wenn in der Facharbeit die Geschichte des Urban Gardening nachgezeichnet werden soll.

Ansatzlogik: Ein viertes Ordnungsprinzip sind verschiedene Ansätze, also etwa wirtschaftliche, ökologische usw., innerhalb derer wiederum das Prinzip der Sachlogik greift. Solche Ansätze können die Sichtweisen mehrerer Fächer vereinigen; beispielsweise könnten wirtschaftliche Ansätze auch Perspektiven des Fachs Politik umfassen, denn Wirtschaft und Politik hängen ja sehr eng zusammen.

Grundsätzlich kann der Hauptteil mit einem Kapitel zum Forschungsstand beginnen, der nach einem der vier Ordnungsprinzipien gegliedert ist, und darauf folgen dann eigene Ausführungen, die entsprechend angeordnet werden.

Sachlogik	**Fachlogik**	**Zeitlogik**	**Ansatzlogik**
1. Stadt	1. Pädagogik	1. Weimarer Republik	1. wirtschaftlich
↓	↔	↓	↔
2. Garten	2. Sozialwissenschaft	2. frühere BRD	2. ökologisch
↓	↔	↓	
3. Urban Gardening	3. Ökologie	3. heute	

THEORETISCHE VERSUS EMPIRISCHE STRUKTUR

Für den Aufbau des Hauptteils ist zudem wichtig, ob es sich um eine theoretische bzw. konzeptionelle Arbeit handelt oder um eine empirische Arbeit, die Daten erhebt und/oder auswertet. Für theoretische Arbeiten gilt im Wesentlichen der oben dargestellte einer bestimmten Ordnungslogik folgende Aufbau. Bei empirischen Arbeiten hat es sich bewährt, zunächst in einem Theoriekapitel die notwendigen theoretischen Grundlagen logisch strukturiert vorzustellen (z. B. zu skizzieren, welche verschiedenen Arten von Urban Gardening es gibt, und dazu jeweils den Forschungsstand zu referieren). Dann werden das Ziel (was will die Arbeit?), die Forschungsfrage (was wird untersucht?), ggf. die Hypothese (was wird vermutet?) und die Methode (mit welchen Verfahren wird das untersucht?) dargelegt und schließlich die Ergebnisse präsentiert. Dabei wird streng unterschieden zwischen der Auswertung von Daten als Teil des Empiriekapitels und dem Diskussionskapitel, das, auch vor dem Hintergrund der bisherigen Forschung, die Tragweite der Ergebnisse erörtert.

AUSWERTUNG UND DISKUSSION

Dieser Unterschied zwischen Auswertung und Diskussion lässt sich mit dem Besuch in einer Zahnarztpraxis veranschaulichen: Wenn man Zahnschmerzen hat, dann ist das Ziel dieses Besuchs, schmerzfrei zu werden. Die Forschungsfrage lautet also: Woher kommen die Zahnschmerzen? Um das herauszufinden, gibt es verschiedene zahnärztliche Methoden, z. B. den Blick in den Mundraum, den Klopftest, den Kälte-Wärme-Test und die Röntgenaufnahme. Das Röntgenbild könnte z. B. eine schwarze Verfärbung sichtbar machen. Die Ergebnisse aus der Anwendung der Methoden kommen in die Auswertung. Was sie bedeuten (könnten) gehört dagegen in die Diskussion: Karies, einfache Verfärbung, verschmutzte Röntgenlinse usw.

QUERVERWEISE

Manchmal wird ein Kapitel durch Querverweise des Typs »vgl. Kapitel 3.1« oder »siehe Kapitel 2« mit einem anderen verbunden. Das ist z. B. notwendig, wenn dort etwas erklärt wird, was nicht extra wiederholt werden soll. Insgesamt sollte man mit solchen Querverweisen aber sparsam umgehen, sonst müssen die Lesenden zu viel hin- und herblättern. Die Arbeit sollte nachvollziehbar sein, wenn man sie von vorne nach hinten durchliest.

		konzeptionelle Arbeit			empirische Arbeit	
Einleitung	1	Einleitung	1	1	Einleitung	1
	2	Was ist Urban Gardening?	2	2	Theorie und Forschungsstand	2
	3	Urban Gardening pädagogisch	3	3	Ziel und Hypothese	3
	4	Urban Gardening sozial	4	4	Methode und Erhebung	4
Hauptteil	5	Urban Gardening ökologisch	5	5	Auswertung	5
	6	Urban Gardening an der Schule	6	6	Diskussion	6
	6.1	Praktische Perspektiven	7			
	6.2	...				
Schlussteil	7	Schlusskapitel	8	7	Schlusskapitel	7
		Literaturverzeichnis	9		Literaturverzeichnis	8
Anhang		Abbildungsverzeichnis	10		Abbildungsverzeichnis	9
		Eigenständigkeitserklärung	11		Eigenständigkeitserklärung	10
		ggf.: Anhang mit Daten	12		Anhang mit Daten	11

Alle Kapitel werden nummeriert, Unterkapitel bekommen eine entsprechende Nummer.

Die Seitenzahlen zu den einzelnen Kapiteln stehen am rechten Rand.

Erfahrungsbericht: *Anhang erstellen*

Meine Lehrerin hat die Notwendigkeit des Anhangs mit Daten mit einem Arztbesuch verglichen: Auch da ist es ja so, dass man gerne wissen will, ob die Diagnose belegbar ist. Ich möchte z. B. immer mein Röntgenbild sehen, bevor ein großer Eingriff gemacht wird, damit ich sehen kann, dass da was nicht stimmt. Und natürlich will ich auch wissen, wer den Eingriff dann macht.

ARGUMENTE STRUKTURIEREN

Innerhalb der einzelnen Kapitel entwickelt man häufig eine These (d. h. eine Behauptung), die dann mit Begründungen und Beispielen belegt werden muss. Dafür gibt es mehrere Möglichkeiten:

These mit Begründung und wissenschaftlichem Beleg

	Erklärung
These	Eine These ist eine Behauptung, die begründet werden muss.
Begründung mit Beispiel	Die Begründung erklärt zumeist in mehreren Sätzen und mit sachlichen Argumenten, warum die These vertreten wird. Sie wird durch konkrete Beispiele gestärkt.
wissenschaftlicher Beleg	Der Beleg unterstützt die These.

Beispiel	weitere sprachliche Mittel
Urban Gardening hat das Gärtnern gründlich umgekrempelt.	*... gilt ... / ... ist ...* *... wird behauptet ...*
Eigenes Gemüse zu ziehen ist Ausdruck eines neuen urbanen Lebensstils. Die moderne Bewegung möchte der vorgefertigten Warenwelt, dem übertriebenen Konsum mit seinem Raubbau an Ressourcen etwas entgegensetzen. Mit Hacke, Gießkanne und manchmal spektakulären Aktionen, wie dem Bepflanzen von Parkplätzen, erobert man sich die Stadt zurück, definiert den öffentlichen Raum neu. Einfach, unkompliziert und verblüffend effektiv sind diese neuen Gärten. Urbane Gärtner und Gärtnerinnen arrangieren sich mit dem Vorhandenen, arbeiten mit dem, was da ist. Wenn der Untergrund sich als ungeeignet oder mit Schadstoffen belastet erweist, besorgt man sich Erde aus dem kommunalen Kompostwerk. Altes vom Sperrmüll wird wiederverwertet, Regenwasser wird aufgefangen und Bioabfall wandert auf den Kompost, wo er sich zu wertvollem Humus zersetzt. So lassen sich Ressourcen, Energie und CO_2 einsparen. Die Selbstversorgung mit Nahrungsmitteln trägt dadurch zum Klimaschutz bei.	*Drei Gründe sprechen für ...* *Erstens ...* *... erklärt sich durch ...* *Ein Grund liegt in der ...*
Die Soziologin Christa Müller beschreibt die urbanen Gärten so: »Der Garten ist weit mehr als ein Ort des Säens und Erntens. Gemüsebau ist auch Ausgangspunkt politischen Handelns für die, die den ungehinderten und ungenierten Zugriff auf die Ressourcen der Welt in Frage stellen. Sie gärtnern, um praktisch zu zeigen, wie es besser laufen könnte mit der Lebensmittelproduktion. Ihr Motto: Sie fangen schon mal an« (Müller 2011, S. 25).	*Damit gilt ...* *Erwiesen ist damit ...* *Zusammenfassend ...*

Aus: Bergmann, Heide (2021): *Urban Gardening mit Kindern. Nachhaltige Garten-Projekte für die Kita.* Freiburg: Herder, Seite 7.

These mit Begründung, Abschwächung und Ausblick

	Erklärung
These	Eine These ist eine Behauptung, die begründet werden muss.
Begründung mit Beispiel	Die Begründung erklärt zumeist in mehreren Sätzen und mit sachlichen Argumenten, warum die These vertreten wird. Sie wird durch konkrete Beispiele gestärkt.
Abschwächen möglicher Einwände mit Beispiel	Mögliche Argumente, die gegen die These sprechen, werden wiederum mit konkreten Beispielen abgeschwächt.
Ausblick	Der Ausblick eröffnet Perspektiven.

Beispiel	weitere sprachliche Mittel
Städte stehen im 21. Jahrhundert vor zahlreichen Herausforderungen.	*... gilt ... / ... ist ...* *... wird behauptet ...*
Der Klimawandel, das Bevölkerungswachstum, die Ressourcenknappheit, wirtschaftliche Disparitäten und Armut sowie die Exklusion großer Teile der städtischen Bevölkerung sind die Hauptprobleme.	*Drei Gründe sprechen für ...* *Erstens ...* *... erklärt sich durch ...* *Ein Grund liegt in der ...*
Nichtsdestotrotz gibt es zahlreiche gute Beispiele integrativer, nachhaltiger Stadtentwicklung wie neue Formen des Wohnens und des nachbarschaftlichen Zusammenlebens. Stadtentwicklung wird zur Gemeinschaftsaufgabe von Politik, Verwaltung, Wirtschaft und Zivilgesellschaft.	*Einwenden könnte man ...* *Obwohl ...* *Zu hinterfragen ist ...* *Andererseits ...*
Smart-City-Ansätze fokussieren noch stark auf Technologie und Ressourceneffizienz, aber neue Ansätze garantieren, dass die Menschen (wieder) in den Mittelpunkt rücken.	*Mit Blick auf ... lässt sich sagen ...* *Insgesamt ...*

Aus: Brunner, F., Drage, T. (2016). Nachhaltigkeit in der Stadt – von Herausforderungen, Partizipation und integrativen Konzepten. In: Zimmermann, F. (Hrsg.): *Nachhaltigkeit wofür?* Berlin: Springer, 113–146, Seite 141.

SCHREIBEN

Passend adressieren

Man muss sich genau überlegen, für wen man einen wissenschaftlichen Text schreibt. Man muss sich überlegen, wie viel die Lesenden über das Fach und das Thema wissen, was man somit voraussetzen kann und was erläutert werden muss. Bei schriftlichen Arbeiten ist es hilfreich, dass man die Betreuerinnen und Betreuer als Lesende der Arbeit fest vor Augen hat.

Tipp: ***An wen schreibe ich?***
Halte dir beim Schreiben deiner Arbeit stets vor Augen, wer den Text am Ende liest. Welche Begriffe sind schon bekannt? Welche Begriffe solltest du vielleicht lieber erklären? Bei welchen Begriffen kommt es auf eine bestimmte Definition an, die einen entscheidenden Unterschied macht?

nicht **an Betreuerin als Leserin orientiert**

Urban Gardening ist ein englischer Begriff. Er bedeutet: Stadtgärtnern. Städte sind menschliche Organisationsformen des Zusammenwohnens, Gärten sind eine von Menschenhand verwaltete Natur. Für weitere Aspekte von Urban Gardening siehe Müller (2011).

- Der Hinweis auf das Englische ist hier überflüssig, ebenso die direkte Übersetzung.
- Das ist Teil der Allgemeinbildung.
- Damit müssen Lesende Müller (2011) selbst lesen.

an Betreuerin als Leserin orientiert

Urban Gardening ist eine städtische Lebensform, die das gemeinschaftliche Gärtnern auf öffentlich zugänglichen Flächen bezeichnet (Müller 2011).

- Das ist eine Definition.
- Damit wird Müller (2011) referiert.

Tipp: ***Den Titel finden***
Es dauert lange, bis der richtige Titel für eine Arbeit gefunden ist. Meist wird der Titel erst relativ spät festgelegt, wenn klar ist, was bei der Arbeit herauskommt. Der Titel sollte auf jeden Fall zur Arbeit passen, kurz und prägnant ihr Thema wiedergeben und möglichst neugierig machen. Häufig sind Kombinationen aus einem eher allgemeinen ersten Teil und einer thematischen Eingrenzung bzw. Präzisierung im zweiten Teil.

In wissenschaftlicher Sprache schreiben

Wissenschaftliche Texte stellen ihre Ergebnisse präzise und objektiv vor. Sie bedürfen daher einer besonderen Sprache, die sich beispielsweise von der alltäglichen Ausdrucksweise unterscheidet.

Tipp: *Die eigene wissenschaftliche Sprache finden*
Die Verwendung wissenschaftlicher Sprache ist nicht leicht. Gerade im Bereich des Stils kommt es daher vor, dass du deinen Text überarbeiten musst. Wichtig ist, dass du dich präziser ausdrückst, als du es in deiner Alltagssprache tun würdest.

	Abwandlung mit wissenschaftsfernerer, zu vermeidender Sprache		**wissenschaftlichere Sprache**
persönlicher Ausdruck	Ich habe beobachtet, dass der Gemüsegärten, besonders in Großstädten, nur als ...	unpersönlich	Bis vor kurzem noch galt der Gemüsegarten – zumal in den Großstädten – lediglich ...
kein Nominalstil	... das, was übrig bleibt aus Zeiten, die längst vergangen sind.	Nomen, die näher bestimmt werden	... als anachronistisches Relikt längst vergangener Zeiten.
wertend (ohne Maß)	Und komischerweise ...		
fehlende Fachsprache	... verkauft sich Gemüse besser als schöne Blumen ...	Fachbegriffe, keine Umgangssprache	... verkaufen sich Nutzpflanzen besser als Ziersträucher ...
weitschweifig, wertend und umgangssprachlich	... entdecken Menschen, die in Städten wohnen und besonders gerne gärtnern und sich allgemein für Pflanzen interessieren, »die neue Lust am Gärtnern«, wie der Titel eines superspannenden Beitrags in einer Sendung, die im ZDF im letzten Monat gesendet wurde und aspekte hieß, lautete.	präzise, nicht umgangssprachlich	... entdecken Städterinnen und Städter »die neue Lust am Gärtnern«, wie der Titel eines Beitrags im ZDF-Magazin aspekte lautete. (aus Müller 2011: 22)

Originaltext aus: Müller, Christa (2011): Urban Gardening. Grüne Signaturen neuer urbaner Zivilisation. In: Müller, Christa (Hrsg.): *Urban Gardening. Über die Rückkehr der Gärten in die Stadt.* München: oekom, 22–53.

Grundsätzlich sollte keines der Merkmale wissenschaftlicher Sprache aus dieser Übersicht übertrieben werden. So sind z. B. ganze Ketten von Nomen, die sich aufeinander beziehen (des Typs »anachronistisches Relikt längst vergangener Zeiten aus anderen Kulturen früherer Jahrhunderte …«) ebenso zu vermeiden wie unnötig viele Fremdwörter (eventuell »überholtes Überbleibsel« statt »anachronistisches Relikt«).

Hinzu kommen weitere Kriterien:

- Der Text muss orthografisch und grammatisch korrekt sein.
- Zwischen den einzelnen Sätzen, Abschnitten und Kapiteln muss es einen klaren Zusammenhang geben. Die Sätze sollten mit Wörtern wie »weil«, »aus diesem Grund«, »dennoch« usw. verbunden werden, die erkennen lassen, wie sie gedanklich aneinander anschließen. Das macht das Lesen erheblich leichter, weil es den Text vorgliedert und den Argumentationsverlauf verdeutlicht.
- Unnötige Wiederholungen sind zu vermeiden.
- In der Regel wird eine Sache über die Arbeit hinweg immer mit dem gleichen Ausdruck bezeichnet. Man wechselt also nicht zwischen »Urban Gardening« und »Stadtgärtnern«, sondern verwendet nur den Fachbegriff »Urban Gardening«.
- Auch auffällige Wortbildungen wie »Stadtgärtnerangelegenheiten« sollten vermieden werden.

Tipp: *Schreibkurse*
Häufig gibt es an Universitäten Workshops oder Kurse, die sich mit der wissenschaftlichen Sprache beschäftigen. Dabei kannst du lernen, wie du deinen eigenen wissenschaftlichen Ausdruck und Stil finden bzw. verbessern kannst.

VISUALISIERUNGEN

Neben Sprache nutzen wissenschaftliche Texte häufig noch weitere Möglichkeiten zur Darstellung ihrer Ergebnisse. Dazu gehören Visualisierungen, also z. B. Abbildungen, Tabellen, Diagramme und Grafiken, die die Argumente unterstützen. Solche Elemente sollten immer zweckmäßig eingesetzt werden, nicht um ihrer selbst willen, etwa zur Verzierung. Sie sollten die Arbeit um relevante Informationen ergänzen. Sinnvolle Beispiele sind etwa ein Foto von einer Urban-Gardening-Anlage, die sich sprachlich schwer beschreiben lässt, ein Diagramm mit den Wachstumsmonaten ausgewählter Pflanzen oder eine Grafik mit dem Logo des schulischen Urban-Gardening-Projekts, wenn dieses in der Arbeit eine Rolle spielt. Überflüssig sind in der Regel Visualisierungen, die nur etwas zeigen, was im Text ohnehin schon gesagt wurde.

überflüssige Visualisierung

66 % der befragten Schulleitungen gaben an, ein großes Interesse an Urban Gardening zu haben, 33 % enthielten sich. Die folgende Tabelle fasst die Ergebnisse zusammen:

Schulleitungen	
haben Interesse an Urban Gardening	66 %
haben kein Interesse an Urban Gardening	0 %
enthalten sich	33 %

Tab. 1: Interesse an Urban Gardening

mögliche Variante mit Visualisierung

Die Befragung führte zu folgenden Ergebnissen:

Schulleitungen	
haben Interesse an Urban Gardening	66 %
haben kein Interesse an Urban Gardening	0 %
enthalten sich	33 %

Tab. 1: Interesse an Urban Gardening

mögliche Variante ohne Visualisierung

66 % der befragten Schulleitungen gaben an, ein großes Interesse an Urban Gardening zu haben, 33 % enthielten sich.

Diagramme

In Diagrammen werden Daten grafisch dargestellt. Besonders bekannte Formen sind Torten-, Balken- und Liniendiagramme.

Tortendiagramm

für Zusammensetzungen und Teil-Ganzes-Beziehungen (etwa die Personen in einer Urban-Gardening-Arbeitsgemeinschaft)

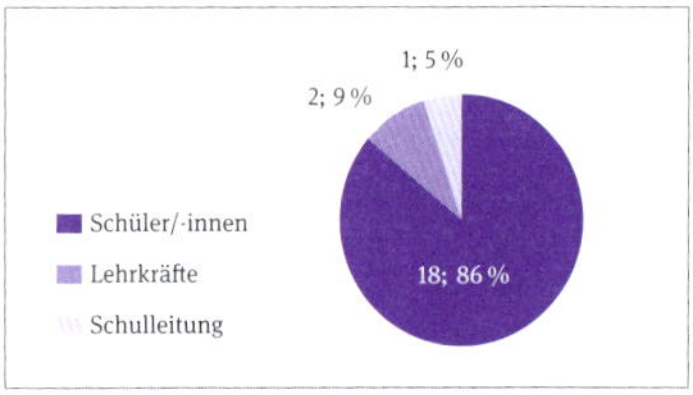

Abb. 1: Zusammensetzung der Urban-Gardening-Arbeitsgemeinschaft

Balkendiagramm

für Vergleiche, die sich nicht notwendigerweise auf die Gesamtheit beziehen (etwa Ja-nein-Antworten ohne Berücksichtigung von Enthaltungen)

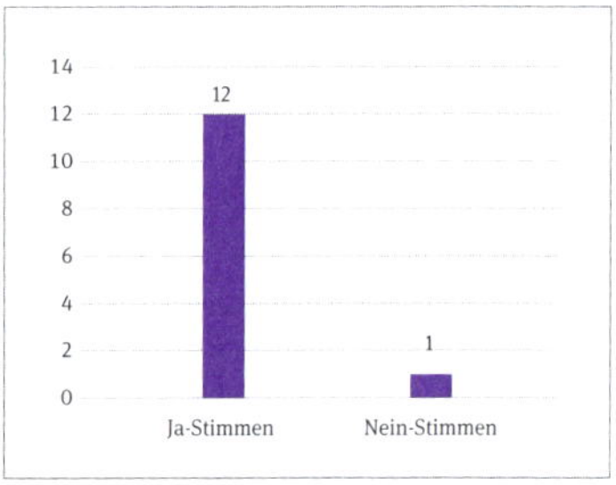

Abb. 1: Wahlergebnis zur Wahl des Vorsitzes der Urban-Gardening-Arbeitsgemeinschaft

Liniendiagramm

für zeitliche Entwicklungen (etwa Zahl der an einer Urban-Gardening-Arbeitsgemeinschaft Beteiligten nach Schuljahren)

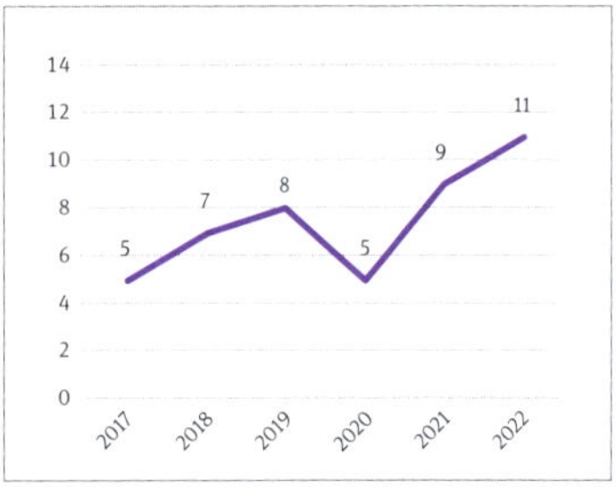

Abb. 1: An Urban-Gardening-AGs beteiligte SuS nach Schuljahren

Abbildungen und Tabellen

Abbildungen sind z. B. Bilder, Fotos oder Gemälde. Tabellen ordnen grafisch in Spalten und Zeilen. Sie dienen dazu, zusammenhängende Beobachtungen kurz und knapp im Überblick darzustellen. Die oberste Zeile und die Spalte ganz links informieren darüber, was in der jeweiligen Spalte bzw. Zeile angegeben ist. Sie werden in der Regel besonders markiert, z. B. fett gesetzt.

	Schulleitung	**Hausverwaltung**	**Lehrkräfte**	**Lernende**
Grundschule	5	5	12	36
Hauptschule	3	3	8	20
Realschule	2	3	3	12
Gymnasium	3	4	7	24

oberste Zeile und linke Spalte in der Regel fett

Tab. XXX: Übersicht zu befragten Personen

Tabellenunterschrift mit Tabellennummer

Visualisierungen werden mit einem Titel versehen und nummeriert; in der Regel kürzt man sie mit »Abb.« ab. Auf diese Weise kann man sich im Fließtext auch direkt darauf beziehen, z. B. mit Formulierungen wie »vergleiche Abb. 2«. Manche Fächer verlangen ein eigenes Verzeichnis aller Visualisierungen. Solche Abbildungsverzeichnisse enthalten für jede Visualisierung die Nummer, den Titel und die Seitenzahl.

Abbildungsverzeichnis

Alle Abbildungen werden nummeriert und bekommen einen eigenen Titel.

Die Seitenzahlen zu den Abbildungen stehen am rechten Rand.

EIGENE DATEN

Visualisierungen können auch Daten zusammenfassen, die man selbst erhoben hat, wie die Aussagen der Schulleitungen im Beispiel weiter oben. Wer in einer empirischen Arbeit selbst Daten erhebt, sollte diese komplett in den Anhang aufnehmen, also in ein eigenes Kapitel ganz am Ende der Arbeit mit einem eigenen Inhaltsverzeichnis. Wenn es sehr viele Daten sind, geht das auch digital. Wichtig ist, dass die Lesenden Zugriff auf diese Daten haben und so die Behauptungen selbst überprüfen können. Daher müssen alle Daten bzw. Beispiele problemlos aufzufinden sein. Aus Gründen des Datenschutzes müssen sie aber strikt anonymisiert sein. Auf Daten und Beispiele kann man wie folgt verweisen:

Beispiel im Haupttext

Auch Schulleitungen sehen Urban Gardening grundsätzlich positiv, worauf z. B. eine befragte Person direkt hinweist:

> »Alle Kolleginnen und Kollegen, mit denen ich gesprochen habe, betonen immer, wie wichtig der Garten für die Schule geworden ist.«
> [Proband 1, Min. 16, Sek. 8]

Verweis im Haupttext

Verweis auf Beispiel im Anhang

Auch Schulleitungen sehen Urban Gardening grundsätzlich positiv (vgl. Interview mit Proband 1, Min. 16, Sek. 8, im Anhang S. 12).

Verweis auf Anhang

Wenn Daten erhoben werden – wie in diesem Fall durch Telefoninterviews –, dann müssen sie aufbereitet werden. Sie werden also z. B. verschriftlicht. Um dem Datenschutz Rechnung zu tragen, müssen die Daten dabei so anonymisiert werden, dass niemand auf die befragten Personen rückschließen kann. Auf diese Weise müssen die Befragten keine Konsequenzen befürchten, wenn ihre Aussagen in einem wissenschaftlichen Text zitiert werden. Dafür müssen alle persönlichen Angaben – Name, Wohnort etc. – unkenntlich gemacht werden. Man spricht dann häufig von Proband/-in oder teilnehmender Person 1, 2, 3 usw. All dies setzt natürlich voraus, dass die befragte Person schriftlich zugestimmt hat, dass ihre anonymisierten Daten für die Forschung verwendet werden. Wie eine solche Einverständniserklärung aussieht, hängt sehr stark von der Forschungsfrage und der Methodik ab. Da dies ein rechtlich geregelter Bereich ist, empfiehlt es sich hier, mit den Betreuenden und ggf. den Datenschutzbeauftragten Rücksprache zu halten.

Beispiel: ***Einwilligungserklärung der Universität Bochum***

Einwilligungserklärung zur Erhebung und Verarbeitung personenbezogener Interviewdaten

Interviewerin/Interviewer: ______ — interviewende Person

Datum des Interviews: ______ — Datum des Interviews

Kurzbeschreibung des Projekts: ______ — Kurzbeschreibung des Projekts

______

______

______

Mit der Unterschrift bestätige ich, über das Forschungsprojekt mündlich informiert worden zu sein.

Ich bestätige, dass mir ein Informationsblatt zum Projekt ausgehändigt wurde und dass ich ausreichend Gelegenheit hatte, die Information zur Kenntnis zu nehmen. — Befragte Person wurde informiert.

Eine Erhebung besonderer Kategorien personenbezogener Daten findet nicht statt. — Name etc. wird nicht erfragt.

Die Interviews werden mit einem Aufnahmegerät aufgezeichnet und von den Mitarbeiterinnen und Mitarbeitern des Forschungsprojekts in Schriftform gebracht. Die Aufnahmen werden anschließend gelöscht. Die Transkripte werden, wenn es für den Zweck der Forschung unerlässlich ist, an die Forschungspartner im Projekt weitergegeben. Für die weitere wissenschaftliche Auswertung der Interviewtexte werden alle Angaben, die zu einer Identifizierung der Person führen könnten, verändert oder aus dem Text entfernt. In wissenschaftlichen Veröffentlichungen werden Interviews nur in Ausschnitten zitiert, um gegenüber Dritten sicherzustellen, dass der entstehende Gesamtzusammenhang von Ereignissen nicht zu einer Identifizierung der Person führen kann. [...] — Was passiert mit den Daten?

Personenbezogene Kontaktdaten werden von Interviewdaten getrennt und für Dritte unzugänglich gespeichert. Nach Beendigung des Forschungsprojekts werden Ihre Kontaktdaten automatisch gelöscht, außer Sie stimmen einer weiteren Speicherung zur Kontaktmöglichkeit für themenverwandte Forschungsprojekte ausdrücklich zu (siehe unten). Selbstverständlich können Sie einer längeren Speicherung zu jedem Zeitpunkt widersprechen. — Wie werden die Daten gespeichert?

Formale Vorgaben erfüllen

Institutionen und Betreuende setzen im Bereich der Formatierung unterschiedliche Schwerpunkte. Meist sind die Informationen zu Formalia zwar demselben Dokument zu entnehmen wie die Vorgaben zur Zitierweise. Teilweise haben Lehrende jedoch eigene Ansprüche an die Formatierung der wissenschaftlichen Arbeit, daher sollten die entsprechenden formalen Vorgaben frühzeitig erfragt werden. Sie betreffen in der Regel die Seitenränder – manche wollen mehr, andere weniger Rand für die Korrektur haben –, den Zeilenabstand, die Schriftart, die Schriftgröße und den Einsatz von Fett- und Kursivdruck. Unbedingt einzuhalten sind auch Vorgaben zum Umfang.

Tipp: *Formale Vorgaben einhalten*
Beachte unbedingt die formalen Vorlagen. Wichtig ist vor allem, dass das Layout einheitlich ist, denn einheitlich gestaltete Texte erleichtern das Lesen und Korrigieren, weil die Lesenden dann auf ihre Vorerfahrungen mit vergleichbaren Texten zurückgreifen können. Sie wissen so, wie sie dem Text schnell und zielgerichtet die relevanten Informationen entnehmen können, z. B. im Literaturverzeichnis.

Sicherlich ist ein besonders raffiniertes und schönes Design wünschenswert, zielführender ist jedoch, die Betreuenden um eine Vorgabe zu bitten und sich an diese zu halten, um tatsächlich den formalen Erwartungen zu entsprechen. Bei der Erstellung eines eigenen Designs sollte man sich zudem überlegen, wie viel Zeit man dafür einbringen kann und darauf achten, trotzdem ausreichend Zeit für die Inhalte der Arbeit zu haben.

FORMATVORGABEN

Formatierung	Was ist damit gemeint?	Beispiel
Schriftart	gut lesbare Schrift	Arial, Calibri, Times, ...
Schriftgröße	Größe der verwendeten Schrift	12 pt mit anderthalbzeiligem Abstand 14 pt mit einfachem Zeilenabstand
Rand	Abstand des Textes zu den Seitenrändern	oben: 2,5 cm / unten: 2 cm links: 2,5 cm / rechts 2,5 cm
Fett-/ Kursivdruck	für Hervorhebungen	Überschriften, wichtige Begriffe
Seitenzahlen	Seiten durchnummerieren, auf der Titelseite keine Seitenzahl	10 pt, unten, zentriert
Blocksatz	Schrift links- und rechtsbündig mit dem Textrand	
Fuß-/ Endnote	durchnummerierte Textteile am Ende der Seite bzw. der Arbeit mit weiterführenden Informationen, die den Fließtext ergänzen	werden in Textverarbeitungsprogrammen mit der Referenzfunktion erstellt
Seiten-umbrüche	Wechsel zu einer neuen Seite	bei Beginn eines neuen Großkapitels
Umfang	maximale Zeichen-/Seitenzahl	abhängig von der Art der Arbeit
Über-schriften	Nach Gliederungsebenen mit der Formatvorlage formatiert, lässt sich daraus automatisiert ein Inhaltsverzeichnis erstellen.	1 Einleitung 1 2 Was ist Urban Gardening? 2 2.1 Urban Gardening pädagogisch 3 2.2 Urban Gardening sozial 4 2.3 Urban Gardening ökologisch 5 3 Urban Gardening an der Schule 6 3.1 Praktische Perspektiven 7 3.2 ...

Es gibt einige grundlegende Formatvorgaben, die in allen Bereichen weitgehend ähnlich sind. Sie betreffen das Titelblatt und die Eigenständigkeitserklärung.

Beispiel: *Eigenständigkeitserklärung*

Erklärung über die Kenntlichmachung aller benutzten Texte

Hiermit versichere ich an Eides statt, dass ich die vorliegende Arbeit selbstständig angefertigt, außer den im Literaturverzeichnis sowie den Anmerkungen genannten keine weiteren Hilfsmittel benutzt und alle Stellen der Arbeit, die dem Wortlaut oder dem Sinn nach anderen Werken entnommen sind, als Entlehnung gekennzeichnet habe.

____

(Ort, Datum & Unterschrift)

Beispiel: *Titelblatt*

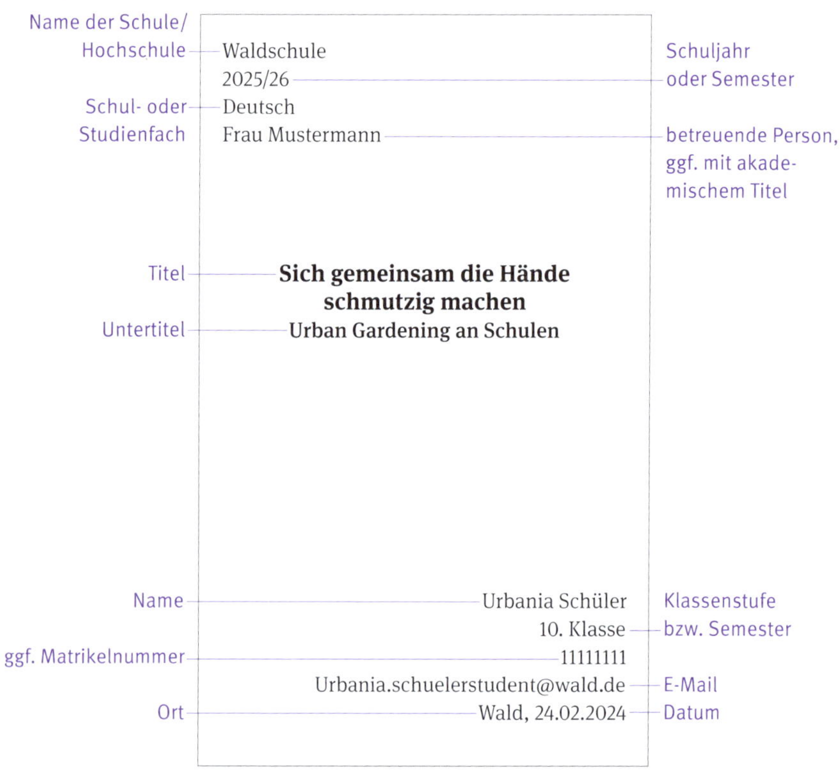

Beispiel: ***Einzelne Textseite***

1 Kapitelüberschrift

Text Text Text Text Text Text Text Text Text Text Text Text Text Text Text Text Text Text Text Text Text Text Text Text Text Text Text Text Text Text Text Text Text Text Text Text Text Text Text Text

> *»Zitat Zitat«* (Autor/-in Jahr: Seite)

Text Text Text Text Text Text Text Text Text Text Text Text Text Text Text Text Text Text Text Text Text Text Text Text Text

Tab. Nummer: Titel der Tabelle

Text Text Text Text Text Text Text Text Text Text Text Text Text Text Text Text Text Text Text Text Text Text Text Text Text Text Text Text Text Text Text Text Text Text Text Text Text Text Text Text[1]

Abb. Nummer: Titel der Abbildung

Text Text Text Text Text Text Text Text Text Text Text Text Text Text Text Text Text Text Text Text Text Text Text Text Text Text Text

2 Kapitelüberschrift

2.1 Überschrift des Unterkapitels

Text Text Text Text Text Text Text Text Text Text Text Text Text Text Text Text Text Text Text Text Text Text Text Text Text Text Text Text Text Text Text Text Text Text Text Text Text Text

[1] Fußnote

Seitenzahl

IV

ÜBERARBEITEN

Den Text optimieren

Wissenschaftliche Texte müssen ihre Inhalte fehlerlos darstellen. Würden sie Fehler beinhalten, könnte das etwa in der Medizin gravierende Folgen haben. Schon allein deshalb ist es zwingend erforderlich, die eigene Arbeit auf den Prüfstein zu stellen. Bei der Optimierung eigener Texte empfiehlt es sich, kriteriengeleitet vorzugehen, um möglichst systematisch zu arbeiten.

Kriterien für die Überarbeitung des eigenen Textes:

- Sind meine Ausführungen für die Lesenden nachvollziehbar? Erkläre ich alles für das Verständnis Notwendige? Oder setze ich zu viel Vorwissen voraus und überfordere die Lesenden dadurch?
- Habe ich etwas vergessen?
- Bin ich hinreichend selbstkritisch? Achte ich auf eine vorsichtige Ausdrucksweise? Betone ich, dass meine Ergebnisse nur einen kleinen Beitrag zur Forschung leisten? Bin ich angemessen bescheiden und lobe mich nicht selbst?
- Sind meine Darstellungen für andere überprüfbar? Habe ich alle verwendeten wissenschaftlichen Texte genannt, alle relevanten Daten, Ergebnisse und Überlegungen angeführt?
- Ist meine Darstellung ausreichend differenziert oder habe ich zu sehr vereinfacht?
- Folgt meine Arbeit genau der Gliederung?
- Befolge ich die formalen Vorgaben der Betreuenden?
- Passt sprachlich alles zum Stil wissenschaftlicher Texte?

Tipp: *Nach Kriterien überarbeiten*
Beim Überarbeiten kann es hilfreich sein, nach den Kriterien für die Bewertung zu fragen und daraus Punkte für die Überarbeitung abzuleiten. So kann der Text zielgerichtet überarbeitet werden. Teilweise braucht es dafür mehrere Korrekturgänge.

Auch für die rein sprachliche Überarbeitung sind mehrere Korrekturgänge nötig, besonders wenn man in der wissenschaftlichen Ausdrucksweise noch ungeübt ist. Urbania hat ihre Arbeit mehrfach Korrektur gelesen und hat bei der Einleitung nach den Kriterien für wissenschaftliche Sprache und den oben stehenden Kriterien jeweils die nachfolgend gezeigten Anmerkungen vorgenommen. Im ersten Korrekturgang hat sie zunächst vor allem wertende und umgangssprachliche Ausdrücke ausfindig gemacht.

umgangssprachlich — Urban Gardening ist ein total spannendes — wertend
Thema. Es fasziniert mich total. In meiner
Nachbarschaft gibt es viele Gärten und — weitschweifend
auch in meiner Stadt, in der ich wohne.
Die pflanzen Gemüse an. Ich beschäftige — persönlich
mich also mit Urban Gardening und lese
umgangssprachlich, besser Nominalstil — erst einmal Literatur dazu, dann mache
ich Interviews und fasse zusammen.
Mich interessiert, wie Schulen zu den
Stadtgärtnerangelegenheiten kommen.

Im zweiten Korrekturgang wurde auf die wissenschaftliche Sprache und auf den Zusammenhang zwischen den Sätzen geachtet.

Urban Gardening ist ein spannendes
Thema. Es fasziniert mich sehr. In — wiederholend
Bochum gibt es viele Gärten, in denen
Gemüse angepflanzt wird. Ich beschäftige
mich also mit Urban Gardening und lese
erst einmal Literatur dazu, dann mache
ich Interviews und fasse zusammen.
Mich interessiert, wie Schulen zu den
Verwendung eines synonymen Ausdrucks statt »Urban Gardening« — Stadtgärtnerangelegenheiten kommen. — unübliche Wortbildung

In den weiteren Durchgängen hat Urbania den Text erweitert und vor allem stärker auf eine wissenschaftliche Ausdrucksweise geachtet.

	Einleitung	
unpersönlich	In vielen Städten findet man mittlerweile	
	öffentlich zugängliche Flächen, in denen	nicht weitschweifig,
	Menschen miteinander gärtnern, Zeit	weil drei unterschied-
	miteinander verbringen und sich in Teilen	liche, aber für den
	selbst versorgen. Man bezeichnet diese	nächsten Satz
»sehr« ist wertend,	sehr populär gewordene Lebensform als	relevante Information
aber belegbar	Urban Gardening. Interessanterweise gibt	enthalten sind
	es seit einigen Jahren auch viele Schulen,	
	die Arbeitsgemeinschaften und Nutz-	
	flächen für Urban Gardening anbieten.	
	Damit stellt ich die Frage, was Schulen	
	zum Gärtnern bringt und wie ihre Schul-	Forschungsfrage
	leitungen dies beurteilen. Im Rahmen	
	der vorliegenden Facharbeit sollen daher	
Nominalstil	durch Telefoninterviews mit ausgewähl-	
	ten Schulleitungen die Gründe für die	Methode
	Einrichtung von Arbeitsgemeinschaften	
	fürs Urban Gardening ermittelt werden,	
	wobei sowohl eine lebenswissenschaft-	
Perspektive	liche als auch eine schulpädagogische	
	Perspektive eingenommen werden.	
	Dazu wird in Kapitel 2 zunächst der	
Organisation	relevante bisherige Forschungsstand	
	vorgestellt. Kapitel 3 ...	

Tipp: *Überarbeitungsphase einbauen*

Neben der Arbeit an deinem Text ist es auch wichtig, sich Zeit für Hobbys, Freunde usw. zu nehmen. Dabei hilft eine möglichst realistische Einschätzung, wie viel Zeit wirklich für die Arbeit zur Verfügung steht. Die erste Version ist in der Regel nie die, die man abgibt. Man kann also auch erst mal was zu Papier bringen, ohne gleich den idealen Satz geschrieben zu haben. Es kann ja noch überarbeitet werden. Manchmal ist es erst einmal wichtig, den Gedanken überhaupt zu verschriftlichen und ihn dann schriftlich weiter zu bearbeiten. Deshalb muss man in der Überarbeitungsphase nicht nur sprachlich korrigieren, sondern auch den Inhalt – oder, wenn er an einigen Stellen nicht richtig oder wichtig genug für die Gesamtdiskussion erscheint, eben auch kürzen. Damit verschwimmen die Phasen, auf eine Überarbeitungsphase kann eine neue Schreibphase mit anschließender erneuter Überarbeitung folgen.

Insgesamt ist es hilfreich, mit anderen über die Arbeit zu sprechen. Das hilft beim Sortieren der Gedanken, da man so erklären und argumentieren muss – und man findet so schnell mögliche Schwachstellen in den eigenen Überlegungen.

Darüber hinaus ist es meist sinnvoll, die eigene wissenschaftliche Arbeit von anderen (fachfremden) Personen durchlesen zu lassen – egal ob Freunde, Verwandte oder Kommilitoninnen und Kommilitonen. Oft ist es nämlich so, dass man sich so in die Thematik eingearbeitet hat, dass mögliche Schwächen in der Argumentation nicht selbst erkannt werden. Liest jedoch eine andere Person die Arbeit, die keinen oder nur wenig Bezug zum Thema hat, kann überprüft werden, wie gut der Text für Lesende verständlich ist. Häufig hilft das Korrekturlesen auch dabei, bisher unentdeckte (Rechtschreib-)Fehler aufzudecken.

An diesem Feedback der Korrekturlesenden kann dann erneut die Überarbeitung ansetzen. Lässt es die Bearbeitungszeit zu, kann es zudem hilfreich sein, den eigenen Text ein paar Tage liegen zu lassen und dann erneut mit einem neutraleren Blick zu lesen und zu überarbeiten.

Kriterien für die Bewertung

Für die Schreibenden und auch für ihre Betreuenden ist es wichtig, dass sie sich auf bestimmte Anforderungen verständigen. Das schafft nicht nur Vergleichbarkeit, die für die Benotung wichtig ist, es ist auch Teil der Wissenschaft selbst: Diese unterliegt bestimmten Standards (z. B. einer präzisen und objektiven Vorgehensweise), die klar kommuniziert werden sollten, damit sich alle Wissenschaftlerinnen und Wissenschaftler auf sie besinnen und sich daran halten können.

MÖGLICHE KRITERIEN FÜR DIE BEWERTUNG

Bevor der eigene wissenschaftliche Text abgegeben und bewertet wird, ist es sinnvoll, sich die (möglichen) Kriterien der Bewertung vor Augen zu führen und die eigene Arbeit auf alle Bewertungskriterien hin zu überprüfen. Die folgenden Fragen dienen daher als Ansatz, die fertige wissenschaftliche Arbeit noch einmal durchzugehen und zu schauen, ob alle Kriterien erfüllt werden.

Die Form:

- Sind alle Teile der Arbeit formal korrekt, also unter anderem das Literaturverzeichnis, die Fußnoten, die Beschriftungen der Abbildungen und Tabellen, die Abbildungen und Tabellen selbst, das Deckblatt, die Gliederung, die Seitenränder, die Zitate und Referate? Entsprechen sie den Vorgaben der/des Betreuenden?
- Sind alle Angaben zu den Zitaten und Referaten im Literaturverzeichnis formal korrekt und nachverfolgbar aufgeführt und sind umgekehrt zu allen Angaben im Literaturverzeichnis auch explizite Bezüge im Text vorhanden?
- Sind alle Tabellen und Abbildungen beschriftet, ggf. nummeriert und mit Angaben zu ihrer Herkunft versehen?

Der Inhalt:

- Folgt der Aufbau der Arbeit der Logik des Gegenstands (stehen z. B. Grundannahmen vor den Ergebnissen)?
- Ist die Arbeit inhaltlich verständlich und nachvollziehbar?
- Sind die Forschungsfrage, der Forschungsstand, die methodische Vorgehensweise, der Erhebungs-, Auswertungs-, Diskussionsteil jeweils eindeutig formuliert und im Sinne eines »roten Fadens« aufeinander bezogen?
- Behandeln alle Abschnitte Aspekte, die für die weitere Arbeit notwendig sind? Wurden überflüssige Abschnitte gestrichen?
- Enthalten alle Teile die für die weitere Arbeit notwendigen Inhalte?
- Ist der dargestellte Forschungsstand für die Forschungsfrage relevant? Wird er verständlich und ggf. kritisch zusammengefasst, nicht die einzelnen Arbeiten einfach aneinandergereiht?

- Wird eigenständig argumentiert und werden unterschiedliche Perspektiven auf das Thema aufgezeigt?
- Ist die verwendete Literatur wissenschaftlich?
- Ist erkennbar, was jeweils Zitat oder Referat ist, was Daten sind und was Eigenleistung?
- Wird sinnvoll in Kapitel und ggf. Unterkapitel untergliedert?
- Werden die verwendeten Texte und Daten (z. B. Bilder) angemessen begründet, beschrieben, ausgewertet und ggf. im Anhang aufgeführt?
- Werden die Herkunft der verwendeten Texte und Daten, die angewandte Erhebungsmethode und die Erhebung selbst angemessen dokumentiert?
- Eignen sich die verwendeten Texte und Daten zur Beantwortung der Forschungsfrage?

Die Sprache:

- Ist der Text orthografisch korrekt?
- Ist die Ausdrucksweise angemessen wissenschaftlich und fachsprachlich?
- Ist die Sprache verständlich und nachvollziehbar?

ANHANG

Literaturtipps

ALLGEMEINE EINFÜHRUNGEN IN DAS WISSENSCHAFTLICHE SCHREIBEN

Beinke, Christiane / Brinkschulte, Melanie / Bunn, Lothar & Thürmer, Stefan (2008): *Die Seminararbeit. Schreiben für den Leser.* Konstanz: UVK.

Eco, Umberto (2020): *Wie man eine wissenschaftliche Arbeit schreibt.* Heidelberg: Müller. (14. Auflage)

Karmasin, Matthias & Ribing, Rainer (2019): *Die Gestaltung wissenschaftlicher Arbeiten.* Wien: facultas. (10. Auflage)

Kornmeier, Martin (2018): *Wissenschaftlich schreiben leicht gemacht. Für Bachelor, Master und Dissertation.* Bern: Hauptverlag. (8. Auflage)

Rettig, Heike (2017): *Wissenschaftliche Arbeiten schreiben.* Stuttgart: Metzler.

EINFÜHRUNGEN IN DAS WISSENSCHAFTLICHE FORMULIEREN

Esselborn-Krumbiegel, Helga (2022): *Richtig wissenschaftlich schreiben.* Paderborn: Schöningh.

Lieberknecht, Agnes & May, Yomb (2019): *Wissenschaftlich formulieren: ein Arbeitsbuch. Mit zahlreichen Übungen für Schreibkurse und Selbststudium.* Tübingen: Narr.

EINFÜHRUNGEN IN WISSENSCHAFTLICHES RECHERCHIEREN

Reihe »Erfolgreich Recherchieren« im de Gruyter-Verlag Berlin.

WISSENSCHAFTLICHE GRUNDLAGEN DIESER EINFÜHRUNG

Becker-Mrotzek, Michael / Grabowski, Joachim & Steinhoff, Torsten (Hrsg.) (2017): *Forschungshandbuch empirische Schreibdidaktik.* Münster: Waxmann.

Decker, Lena / Guschker, Birgit / Hensel, Sonja & Schindler, Kirsten (2021): *Wissenschaftliches Schreiben lernen in der Sekundarstufe II.* Bielefeld: WBV.

Feilke, Helmuth / Lehnen, Katrin / Rezat, Sara & Steinmetz, Michael (2016): *Materialgestütztes Schreiben lernen. Grundlagen – Aufgaben – Materialien. Sekundarstufen I und II.* Braunschweig: Schroedel.

Feilke, Helmuth / Lehnen, Katrin / Rezat, Sara & Steinmetz, Michael (Hrsg.) (2018): *Materialgestütztes Schreiben – Erfahrungen aus der Praxis und Perspektiven der Forschung.* Stuttgart: Fillibach bei Klett.

Feilke, Helmuth & Pohl, Thorsten (Hrsg.) (2014): *Schriftlicher Sprachgebrauch – Texte verfassen.* Hohengehren: Schneider.

FALLBEISPIEL »URBAN GARDENING«

Bergmann, Heide (2021): *Urban Gardening mit Kindern. Nachhaltige Garten-Projekte für die Kita.* Freiburg: Herder.

Müller, Christa (2011): Urban Gardening. Grüne Signaturen neuer urbaner Zivilisation. In: Müller, Christa (Hrsg.): *Urban Gardening. Über die Rückkehr der Gärten in die Stadt.* München: oekom, 22–53.

DIDAKTISCHES KONZEPT

Reschke, Tim / Koenen, Jenna & Sumfleth, Elke (2015): Geschichtenbasiertes Lernen in der Sekundarstufe I im Fach Chemie. In: Wendt, Heike & Bos, Wilfried (Hrsg.): *Auf dem Weg zum Ganztagsgymnasium. Erste Ergebnisse der wissenschaftlichen Begleitforschung zum Projekt Ganz In.* Münster: Waxmann, 529–530.

Nützliche Links*

STILE ZUR GESTALTUNG VON LITERATURANGABEN

Modern Language Association (MLA): https://www.mla.org/MLA-Style

American Psychological Association (APA): https://apastyle.apa.org/

International Committee of Medical Journal Editors (VANCOUVER): https://umc.libguides.com/citations/nlm

DATENBANKEN / VIRTUELLER KATALOG

Datenbanken-Infosystem (DBIS): https://dbis.uni-regensburg.de//fachliste.php?lett=l

Karlsruher Virtueller Katalog: https://kvk.bibliothek.kit.edu/?digitalOnly=0&embedFulltitle=0&newTab=.

MUSTER EINWILLIGUNGSERKLÄRUNG

Muster einer Einwilligungserklärung zur Erhebung und Verarbeitung personenbezogener Interviewdaten: https://dsb.ruhr-uni-bochum.de/wp-content/uploads/sites/4/2018/12/Mustereinwilligungserklaerung_Interview_2018_CD.odt, gesehen am 20.12.2021.

*Letzter Zugriff auf die URLs am 06.10.2022

Notizen für das eigene Projekt

Register

Ebenfalls in dieser Reihe erschienen

Johanna Usinger
Einfach können – Gendern
ISBN 978-3-411-75693-3

Redaktion: Dr. Laura Neuhaus

Umschlaggestaltung, Layout und Satz: Carsten Aermes

www.duden.de

www.cornelsen.de

1. Auflage, 1. Druck 2023

Druck: AZ Druck und Datentechnik GmbH, Kempten

ISBN 978-3-411-74574-6

Auch als E-Book erhältlich unter: ISBN 978-3-411-91439-5

PEFC/04-31-2260

PEFC-zertifiziert
Dieses Produkt stammt aus nachhaltig bewirtschafteten Wäldern und kontrollierten Quellen
www.pefc.de